SENDEROS

Cuaderno del lector

Kindergarten

Volumen 2

Printed in the U.S.A.

ISBN 978-0-544-15651-7

7 8 9 10 0877 21 20 19 18 17 16

4500633768 A B C D E F G

Contenido

Unidad 4

Lección 16: ¿Qué son las ciencias? 1
Lección 17: De oruga a mariposa 7
Lección 18: El Atlántico 13
Lección 19: Las ovejas van de excursión 19
Lección 20: Jorge el curioso descubre un dinosaurio 25

Unidad 5

Lección 21: ¡Ñin, ñin, ñin! Un violín 34
Lección 22: Leo, el retoño tardío 40
Lección 23: El jardín de Zinnia 46
Lección 24: Camaleón, Camaleón 52
Lección 25: La tarta de cerezas 58

Contenido

Unidad 6

Lección 26: La primera luna llena de Gatito 67
Lección 27: Una de tres 73
Lección 28: ¡Lo puedes lograr, Jorge el Curioso! 79
Lección 29: ¡Mírennos! 85
Lección 30: La señorita Bindergarten celebra el último día de kindergarten 91

Tarjetas de palabras de uso frecuente 101

Nombre ______________________

son cómo

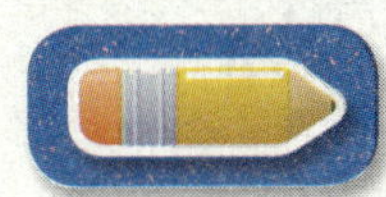

1. ¿ ______________ ?

2. ______________ curiosas.

3. ¿ ______________ juegan?

Instrucciones Recuerde a los niños que escriban su nombre. Luego pídales que lean las oraciones, observen las ilustraciones y que escriban *son* o *cómo* para completar las oraciones. Guíelos para que usen mayúscula en la primera letra al comienzo de las oraciones. Luego pida a los niños que lean las oraciones en voz alta.

Pida a los niños que señalen y digan el nombre de las letras que reconocen en la página. Luego pídales que den un golpecito en el escritorio por cada palabra mientras vuelven a leer las oraciones en voz alta. Pida a los niños que digan otras oraciones con las palabras *son* y *cómo*.

Nombre ______________________

nuestro   muy   mucho   dónde

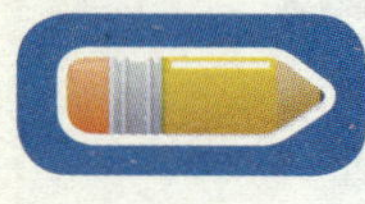

1. Yo veo ______________ 

.

2. ¿______________ está Sara?

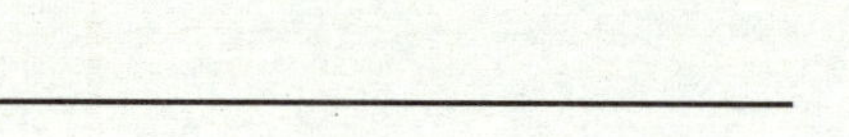

3. Corre ______________ rápido.

4. Roli es ______________ amigo.

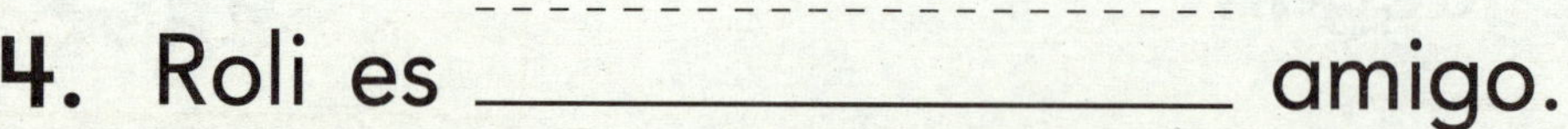

Instrucciones Recuerde a los niños que escriban su nombre. Pida a los niños que lean las oraciones y observen las ilustraciones. Luego pídales que escriban una palabra del recuadro para completar las oraciones. Guíe a los niños para que escriban *dónde* con mayúscula en la oración 2. Luego pida a los niños que lean las oraciones en voz alta.

Pida a los niños que señalen y digan las letras que reconocen en la página. Luego pídales que den un golpecito en el escritorio por cada palabra mientras vuelven a leer las oraciones en voz alta. Pida a los niños que digan otras oraciones con *nuestro, muy, mucho* y *dónde*.

Nombre

1. va va ve ve vi vi

vo vo vu vu

2.

Instrucciones Lea a los niños las sílabas que se muestran en el recuadro y pídales que las tracen. Luego pídales que observen las ilustraciones y escriban las sílabas correspondientes al lado de cada una. Señale que la sílaba puede estar al principio, en el medio o al final de la palabra. Recuerde a los niños que escriban las sílabas de manera que puedan leerse con facilidad, siguiendo una progresión de izquierda a derecha y de arriba hacia abajo.

Nombre ______________________________

Palabras con *va, ve, vi, vo* o *vu*

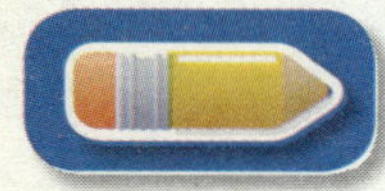

1.

vela bola

2.

leo veo

3.

cavo carro

4.

uva una

Instrucciones Recuerde a los niños que escriban su nombre. Pida a los niños que observen la primera ilustración, lean las palabras y encierren en un círculo la palabra que coincide con la ilustración. Repita con el resto de las ilustraciones y las palabras.

Pida a los niños que digan la palabra que coincide con cada ilustración. Ayude a los niños a pensar en grupos de palabras que empiecen con el sonido /b/. Por ejemplo, *Valeria va a ver a su vecino*.

Nombre ______________________________

Detalles

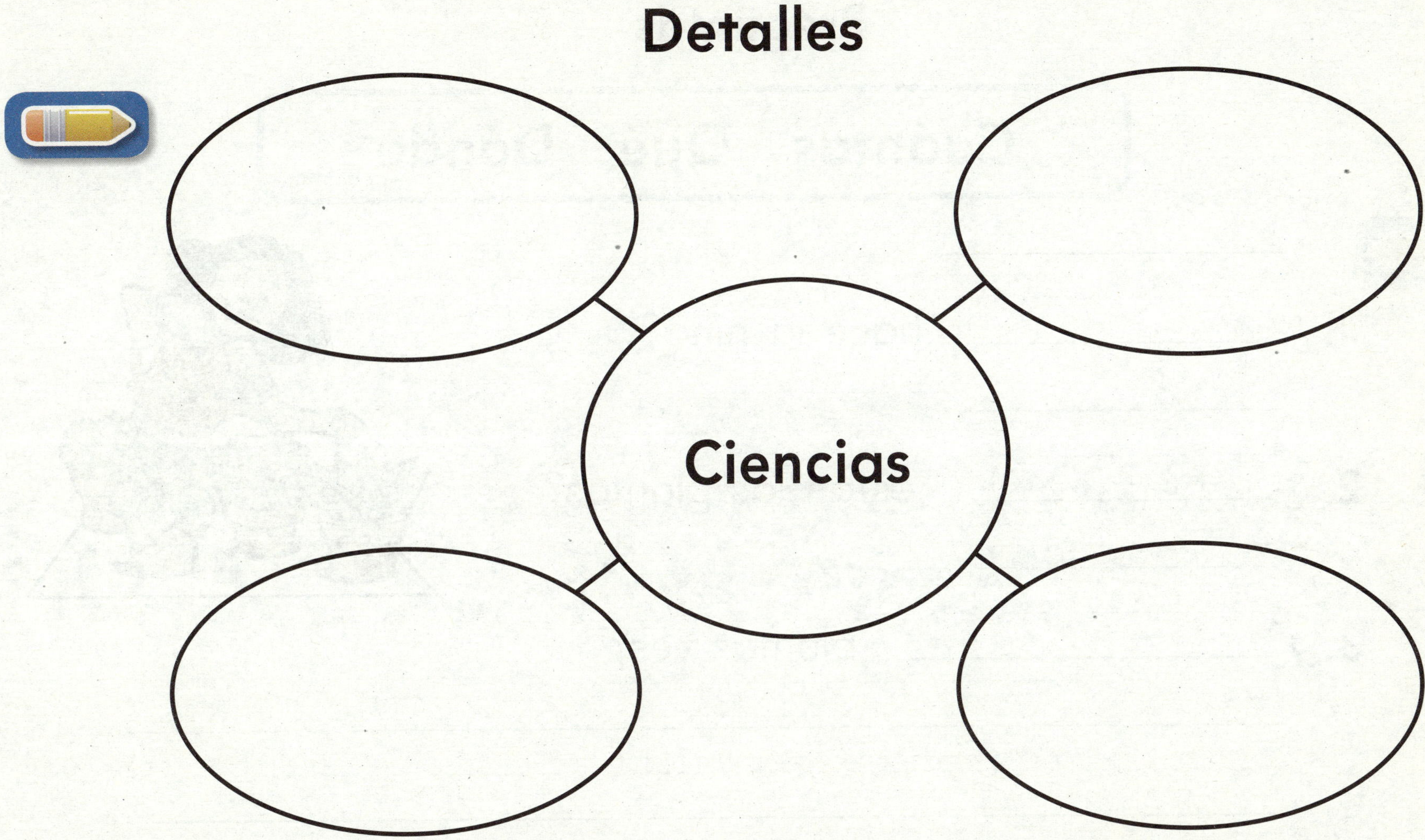

Instrucciones Pida a los niños que escriban o dibujen detalles que aprendieron en el **Superlibro** que cuentan algo sobre la idea principal de *Ciencias*. Pida a los niños que muestren sus palabras o ilustraciones a la clase. Diga a los niños que hablen con claridad y que escuchen con atención a los demás.

Nombre ____________________

Preguntas

Cuántas Qué Dónde

1. ¿__________ hace la niña?

2. ¿__________ están las plantas?

3. ¿__________ plantas ves?

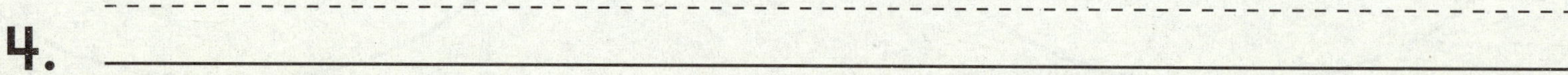

4. ____________________

Instrucciones Lea con los niños las palabras para preguntar del recuadro. Luego pídales que observen el dibujo. Explique que en las preguntas acerca del dibujo falta una palabra para preguntar. Pida a los niños que escojan una palabra para preguntar del recuadro para completar cada pregunta. Luego pida a los niños que escriban su propia pregunta acerca del dibujo. Pídales que comiencen la oración con letra mayúscula y que escriban los signos de interrogación al principio y al final. Pida a los niños que lean sus oraciones a la clase.

Nombre ____________________

este los

1. ______ niños buscan juguetes.

2. ¿Es ______ tu bate?

3. ______ niños montan en bicicleta.

4. ¡______ es mi sombrero!

Instrucciones Recuerde a los niños que escriban su nombre. Pida a los niños que lean las oraciones y observen las ilustraciones. Luego pídales que escriban una palabra del recuadro para completar las oraciones. Guíe a los niños para que usen mayúsculas en las palabras *los* y *este* al comienzo de la primera, la tercera y la última oración. Pida a los niños que lean las oraciones en voz alta. Pida a los niños que señalen y digan los nombres de las letras que reconocen en la página. Luego pídales que den un golpecito en el escritorio por cada palabra mientras vuelven a leer las oraciones. Pida a los niños que digan otras oraciones con las palabras *este* y *los*.

Nombre ______________________

este esta salió pero

1. ____________ un gato.

2. ¿____________ de dónde salió?

3. ____________ es Miso.

4. ____________ es tu casa.

Instrucciones Recuerde a los niños que escriban su nombre. Luego pídales que lean las oraciones, observen las ilustraciones y escriban una palabra del recuadro para completar las oraciones. Guíe a los niños para que escriban con mayúscula la primera letra de cada palabra al principio de las oraciones. Luego pida a los niños que lean las oraciones completas en voz alta. Pida a los niños que señalen y digan las letras que reconocen en la página. Luego pídales que den un golpecito en el escritorio por cada palabra mientras vuelven a leer las oraciones en voz alta. Pida a los niños que digan otras oraciones con las Palabras que quiero saber.

Nombre

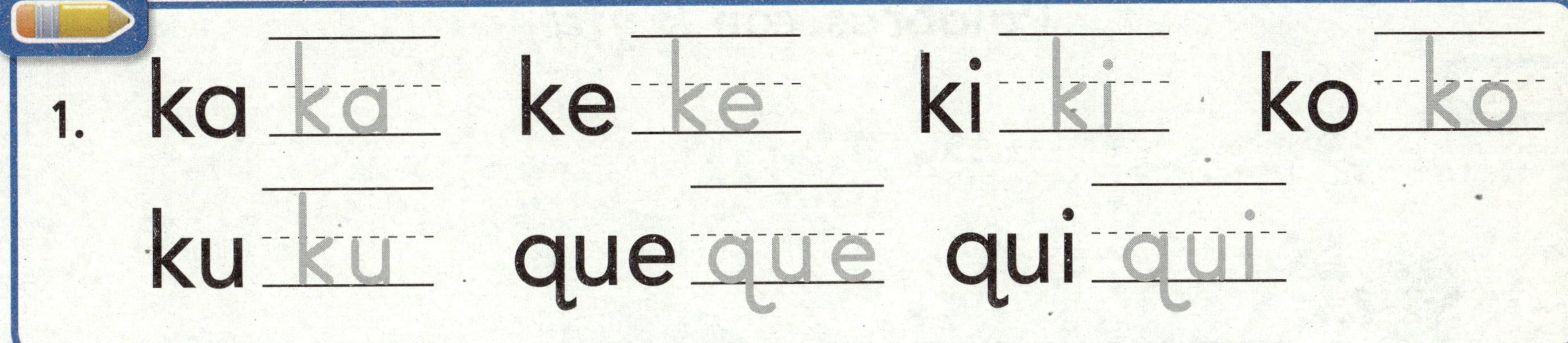

2.

Instrucciones Pida a los niños que observen las sílabas que se muestran en el recuadro y que las tracen. Luego pídales que observen las ilustraciones y escriban las sílabas correspondientes al lado de cada una. Aclare a los niños que la sílaba puede estar al principio o al final de la palabra.

Recuerde a los niños que escriban las sílabas de manera que puedan leerse con facilidad, siguiendo una progresión de izquierda a derecha y de arriba hacia abajo.

Nombre ______________________

Palabras con *k* y *q*

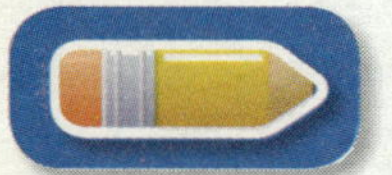

1.

2.

3.

4.

maqueta paquete

Instrucciones Ayude a los niños a nombrar las ilustraciones. Luego pídales que escriban la sílaba que corresponde al lado de la primera ilustración. Repita el procedimiento con la segunda y tercera ilustración. Pida a los niños que observen la cuarta ilustración. Lea las palabras y luego pídales que encierren en un círculo la palabra que coincide con la ilustración. Recuerde a los niños que escriban las sílabas de manera que puedan leerse con facilidad, siguiendo una progresión de izquierda a derecha y de arriba hacia abajo.

Nombre ________________________________

Secuencia de sucesos

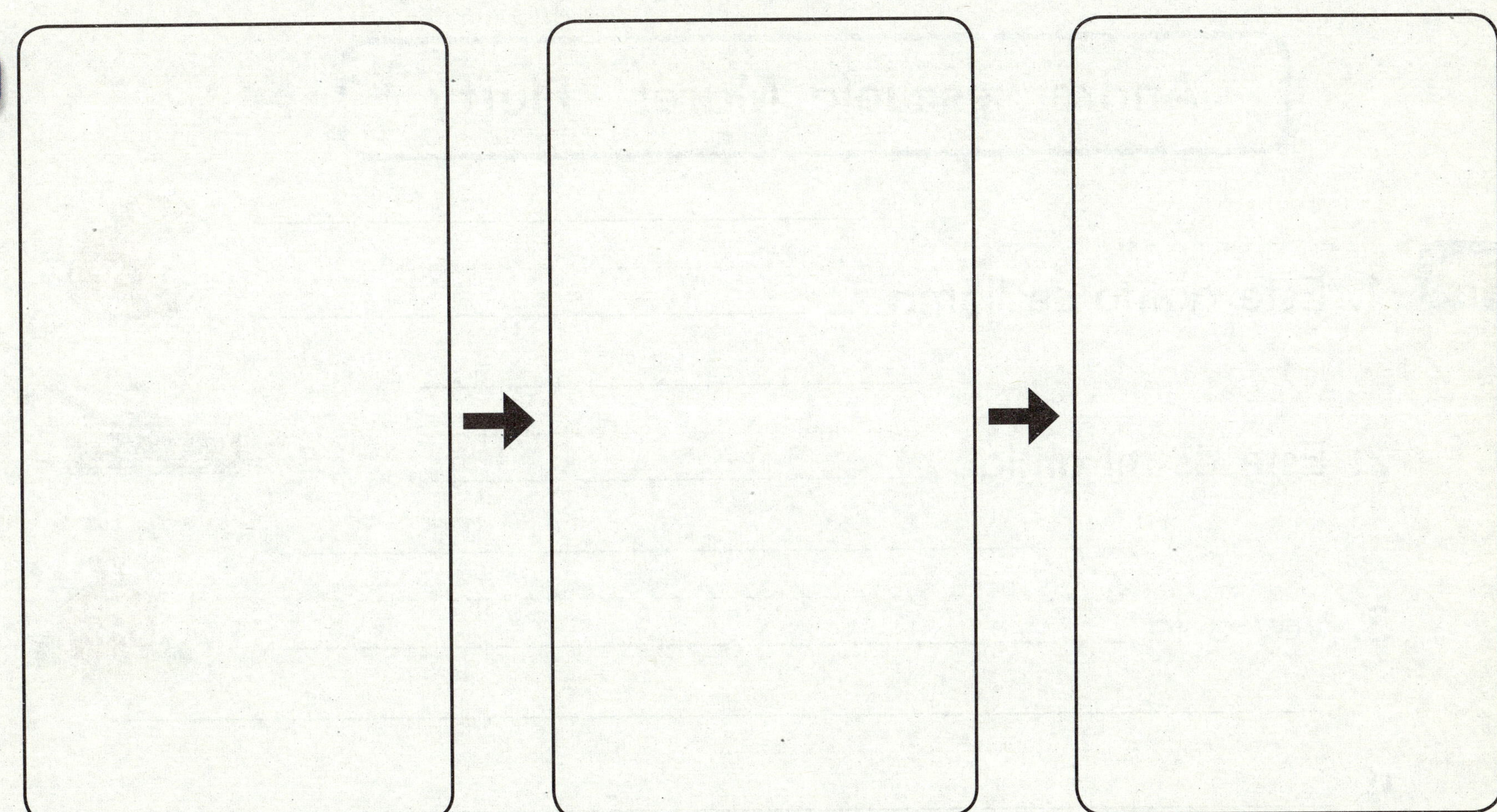

Instrucciones Comente con los niños las etapas del desarrollo del huevo a la mariposa. Pídales que dibujen y rotulen lo que le ocurre a una oruga mientras crece y se convierte en mariposa. Pida a los niños que muestren sus dibujos a un grupo.

Nombre ______________________

Sustantivos propios de lugar, personas y mascotas

Andre escuela Mares Fluffy

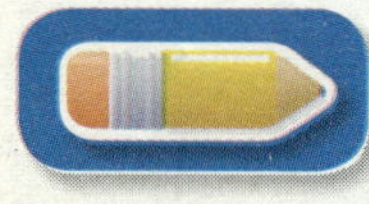

1. Este gatito se llama ______________________.

2. Este es mi amigo ______________________.

3. Voy a la ______________________.

4. ______________________

Instrucciones Lea las oraciones con los niños. Pídales que completen las oraciones escribiendo el nombre de una persona, mascota o lugar del recuadro. Luego pida a los niños que escriban una oración usando uno de los nombres. Pídales que comiencen la oración con letra mayúscula y la terminen con un punto. Pida a los niños que compartan sus oraciones con la clase. Pida a otros niños que identifiquen las palabras en las oraciones que nombran una persona, mascota o lugar.

Nombre ______________________________

ser en

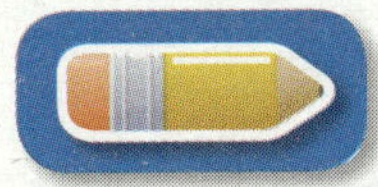

1. Paula quiere ________ un gato.

2. Simón quiere ________ un ratón.

3. Tomi quiere ________ un perro ________ la fiesta.

Instrucciones Recuerde a los niños que escriban su nombre. Pídales que lean las oraciones y observen las ilustraciones. Luego pídales que escriban la palabra *ser* o *en* para completar las oraciones. Pida a los niños que lean las oraciones completas en voz alta.

Pida a los niños que señalen y digan los nombres de las letras que reconocen en la página. Luego pídales que den un golpecito en el escritorio por cada palabra mientras vuelven a leer las oraciones en voz alta. Pida a los niños que digan otras oraciones con las palabras *ser* y *en*.

Nombre ______________________

al esa tu quién

1. ¿__________ va en el taxi?

2. Sube __________ taxi.

3. ¿Dónde está __________ gorra, Toni?

4. __________ es mi gorra.

Instrucciones Recuerde a los niños que escriban su nombre. Pídales que lean las oraciones y observen las ilustraciones. Luego pídales que escriban la palabra *al, esa, tu* o *quién* para completar las oraciones. Guíe a los niños para que escriban *quién* y *esa* con mayúscula en la primera y la última oración. Luego pida a los niños que lean las oraciones en voz alta. Pida a los niños que señalen y digan las letras que reconocen en la página. Luego pídales que den un golpecito en el escritorio por cada palabra mientras vuelven a leer las oraciones en voz alta. Pida a los niños que digan otras oraciones con las palabras *al, esa, tu* o *quién*.

Nombre ______________________

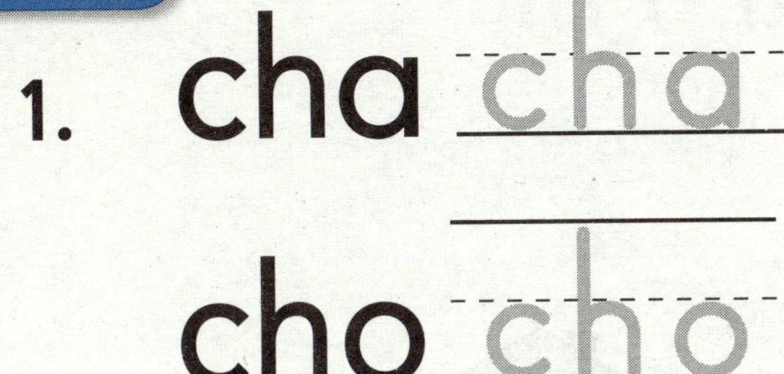

1. cha cha   che che   chi chi

cho cho   chu chu

2.

Instrucciones Lea a los niños las sílabas que se muestran en el recuadro y pídales que las tracen. Luego pídales que observen las ilustraciones y escriban las sílabas correspondientes al lado de cada una. Aclare a los estudiantes que la sílaba puede estar al final o en el medio de la palabra. Recuerde a los niños que escriban las sílabas de manera que puedan leerse con facilidad, siguiendo una progresión de izquierda a derecha y de arriba hacia abajo.

Nombre ______________________

Palabras con *cha*, *che*, *chi*, *cho* o *chu*

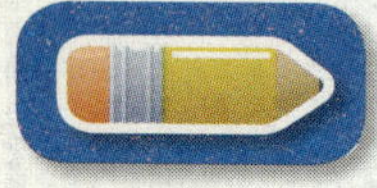

1.

leche teje

2.

chimenea casa

3.

hacha casa

4.

chico chivo

Instrucciones Ayude a los niños a nombrar las ilustraciones. Pídales que encierren en un círculo la palabra que coincide con la primera ilustración. Repita el procedimiento con el resto de las ilustraciones y las palabras.

Lea las palabras una por una y guíe a los niños para que identifiquen el sonido /ch/ donde corresponda. Luego pídales que piensen en otras palabras que empiecen con *Ch* y las digan en voz alta.

Nombre ______________________

Propósito del autor

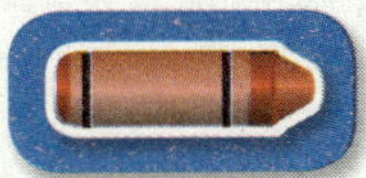

Instrucciones Diga a los niños que observen las ilustraciones en los recuadros. Pídales que hagan un dibujo que muestre algo que piensan que el autor quiso que aprendieran sobre el océano Atlántico.

Comente con los niños alguna de la información del libro. Anímelos para que hablen de cosas que han aprendido acerca del océano.

Nombre ______________________________

Verbos en tiempo futuro

Nosotros Yo

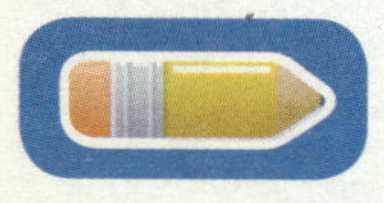

1. ______________________________

2. ______________________________

Instrucciones Pida a los niños que nombren las ilustraciones. Luego pídales que completen las oraciones con una palabra del recuadro y que encierren en un círculo el dibujo que muestra lo que ocurrirá en el futuro.

Pida a los niños que lean las oraciones en voz alta usando un verbo en tiempo futuro para describir el dibujo que encerraron en un círculo. Dígales que hablen claro mientras muestran sus oraciones a la clase y que escuchen con cuidado a los otros niños mientras hacen lo mismo.

Nombre ____________________

van para

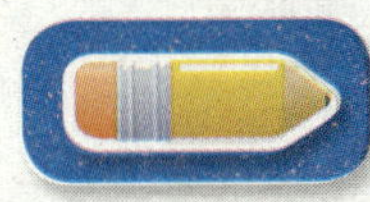

1. ¿Este auto es ________ ir al lago?

2. Quiero un auto ________ ir al lago.

3. ¿Adónde ________ todos los autos?

4. ¡Los autos ________ al lago!

Instrucciones Recuerde a los niños que escriban su nombre. Luego pida a los niños que lean las oraciones y observen las ilustraciones. Luego pídales que escriban la palabra *para* o *van* para completar las oraciones. Pida a los niños que lean las oraciones completas en voz alta.

Recuerde a los niños que escriban las letras de manera que puedan leerse con facilidad, siguiendo una progresión de izquierda a derecha y de arriba hacia abajo.

Nombre ______________________

aquí ellos pronto hasta

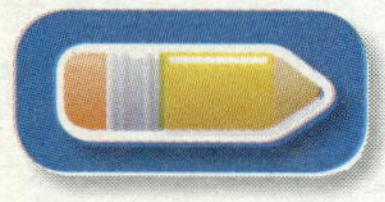

1. Me gusta ______________.

2. ______________ son mis amigos.

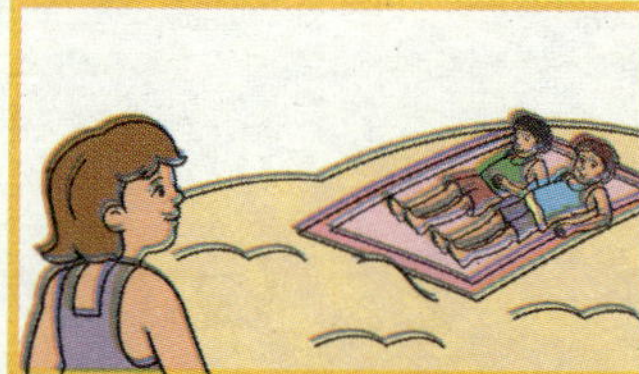

3. ¡Vamos ______________ allá!

4. Todos van ______________ la orilla.

Instrucciones Recuerde a los niños que escriban su nombre. Pida a los niños que lean las oraciones y observen las ilustraciones. Luego pídales que escriban *aquí, ellos, pronto* o *hasta* para completar las oraciones. Guíe a los niños para que escriban *ellos* con mayúscula al comienzo de la segunda oración. Pida a los niños que lean la página en voz alta. Pida a los niños que señalen y digan las letras que reconocen. Luego pídales que den un golpecito en el escritorio por cada palabra mientras vuelven a leer las oraciones en voz alta. Pida a los niños que digan otras oraciones con las palabras *aquí, ellos, pronto* y *hasta*.

Nombre ______________________

1\. lla  lle  lli 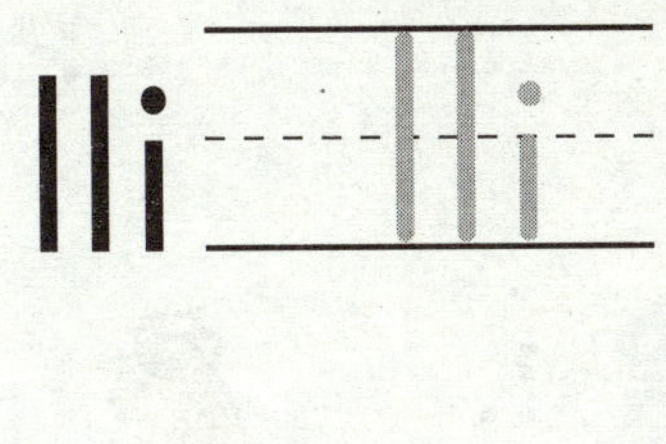

llo lla llu

2\.

c a b a ______

b o t e ______

g a ______

r o d i ______

Instrucciones Lea a los niños las sílabas que aparecen en el recuadro y pídales que las tracen. Pida a los niños que observen la primera ilustración y la nombren. Luego pídales que escriban la sílaba que falta para completar el nombre de la ilustración. Repita el procedimiento con el resto de las ilustraciones. Recuerde a los niños que escriban las sílabas de manera que puedan leerse con facilidad, siguiendo una progresión de izquierda a derecha y de arriba hacia abajo.

Nombre ______________________

Palabras con *lla*, *lle*, *lli*, *llo* o *llu*

1.

___ ___ ___

2.

___ ___

3.

___ ___

4.

___ ___ ___

Instrucciones Pida a los niños que observen las ilustraciones. Ayúdelos a nombrar la primera ilustración y pídales que escriban la sílaba con *ll* en el lugar donde la escuchen. Repita el procedimiento con el resto de las ilustraciones. Recuerde a los niños que escriban las sílabas de manera que puedan leerse con facilidad, siguiendo una progresión de izquierda a derecha y de arriba hacia abajo.

Nombre ______________________

Causa y efecto

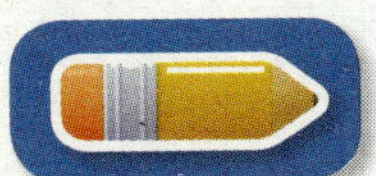

Causa	Efecto
Las ovejas se pierden.	

Instrucciones Lea en voz alta la causa del cuento que aparece en la primera columna y coméntela con los niños. Pídales que hagan un dibujo de un efecto o algo que ocurre porque las ovejas se pierden. Pida a los niños que muestren sus dibujos a la clase y digan el suceso clave de sus dibujos.

Nombre ____________________

Verbos en tiempo pasado

Tú Nosotros

1. ____________________

2. ____________________

Instrucciones Pida a los niños que nombren las ilustraciones. Luego pídales que escriban una palabra del recuadro para completar cada oración y que encierren en un círculo la ilustración que muestra lo que ocurrió en el pasado.

Pida a los niños que lean sus oraciones en voz alta usando un verbo en pasado para describir la ilustración que encerraron en un círculo. Dígales que hablen con claridad al leer las oraciones a la clase y que escuchen con atención a los otros niños mientras hacen lo mismo.

Nombre ______________________

son este ser para

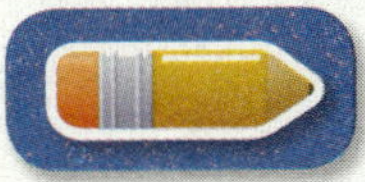

1. Esto es ____________ ti.

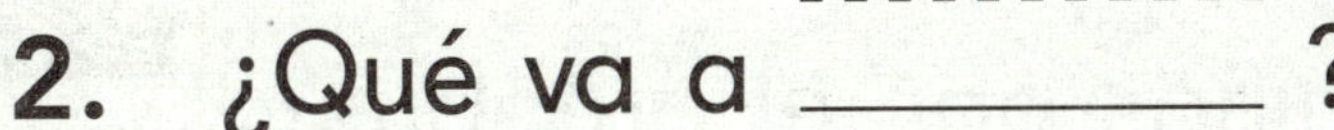

2. ¿Qué va a ____________ ?

3. Me gusta ____________ regalo.

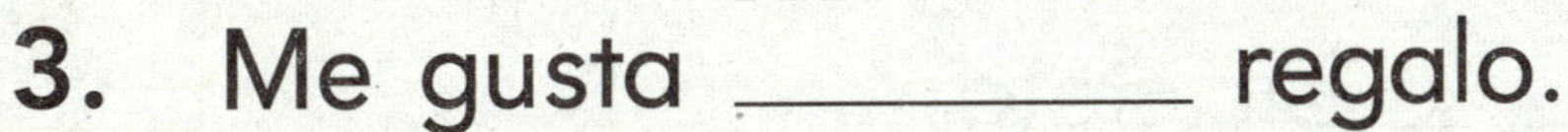

4. ¡Ellos ____________ amigos!

Instrucciones Recuerde a los niños que escriban su nombre. Pida a los niños que lean las oraciones y observen las ilustraciones. Luego pídales que escriban la palabra correcta del recuadro para completar las oraciones. Pida a los niños que lean las oraciones completas en voz alta.

Pida a los niños que señalen y digan los nombres de las letras que reconocen en la página. Luego pídales que den un golpecito en el escritorio por cada palabra mientras vuelven a leer las oraciones en voz alta. Pida a los niños que cuenten un cuento usando todas las Palabras que quiero saber.

Nombre ____________________

los tu dónde aquí

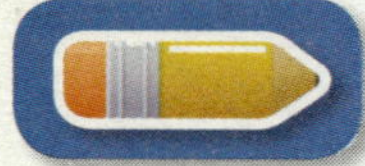

1. ________ niños cantan.

2. ¿________ esperan los niños por el autobús?

3. Vamos a pasear en ________ bicicleta.

4. ¡Nos divertiremos mucho ________ !

Instrucciones Recuerde a los niños que escriban su nombre. Pida a los niños que lean las oraciones y miren las ilustraciones. Luego pídales que escriban una palabra del recuadro para completar cada oración. Guíe a los niños para que escriban con letra mayúscula la primera letra al comienzo de una oración. Luego pida a los niños que lean las oraciones en voz alta.

Pida a los niños que señalen y digan los nombres de las letras que reconocen en la página. Luego pídales que den un golpecito en el escritorio por cada palabra mientras vuelven a leer las oraciones en voz alta. Pida a los niños que digan otras oraciones con las Palabras que quiero saber.

Nombre ____________________

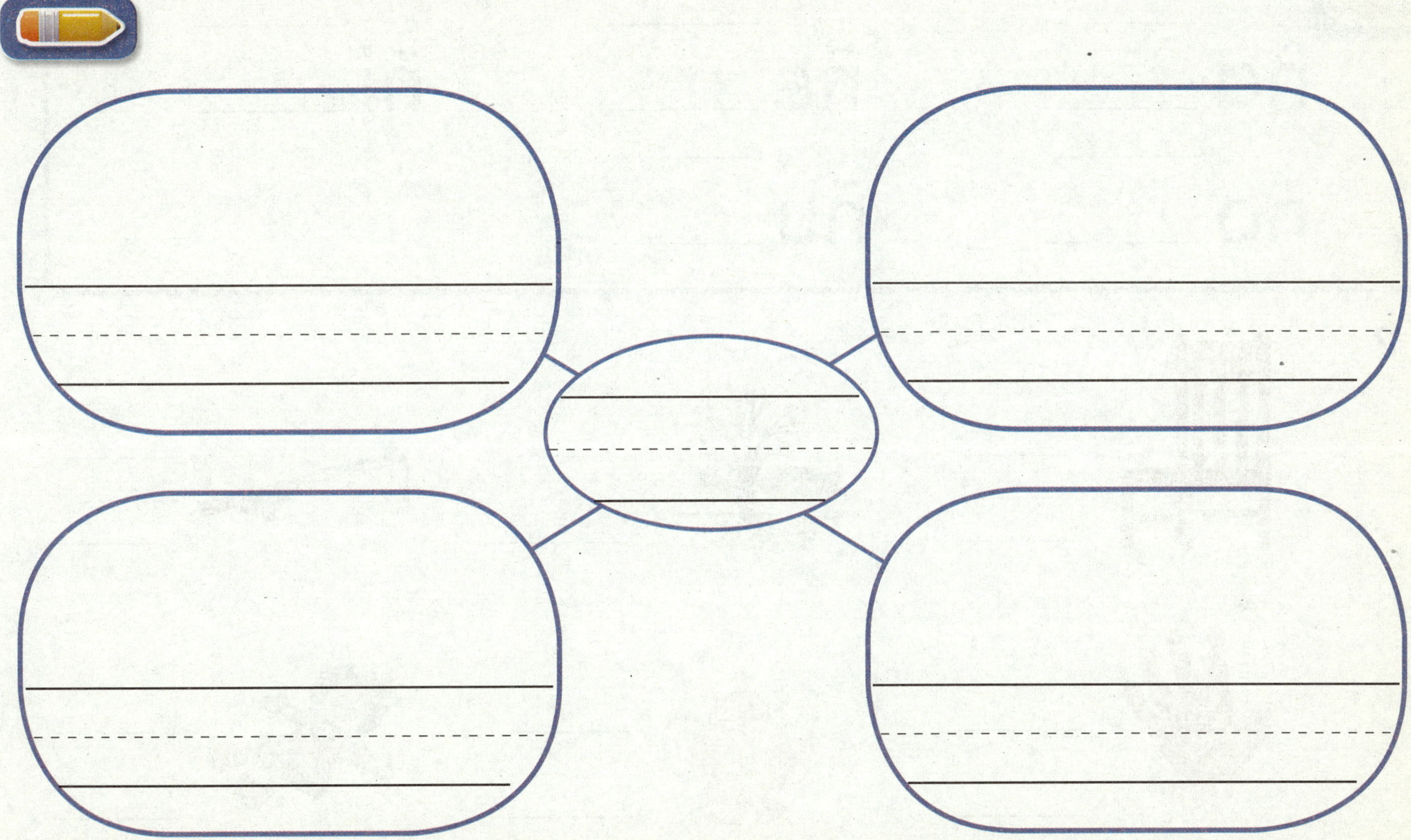

Instrucciones Ayude a los niños a **generar ideas** para sus oraciones de opinión. Pida a los niños que escriban sus ideas y que hagan dibujos de sus oraciones de opinión en los óvalos del organizador gráfico.

Guíe a los niños para que escriban palabras o hagan dibujos en el óvalo central que digan o muestren su opinión y las razones para ella en los otros óvalos.

Nombre ______________________

1. ña ña ñe ñe ñi ñi
ño ño ñu ñu

2.

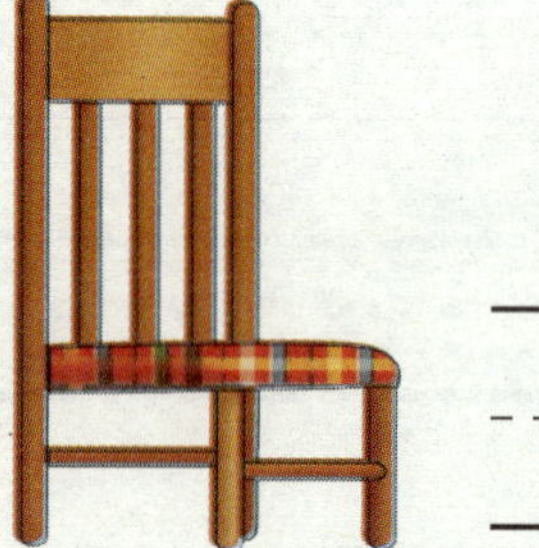

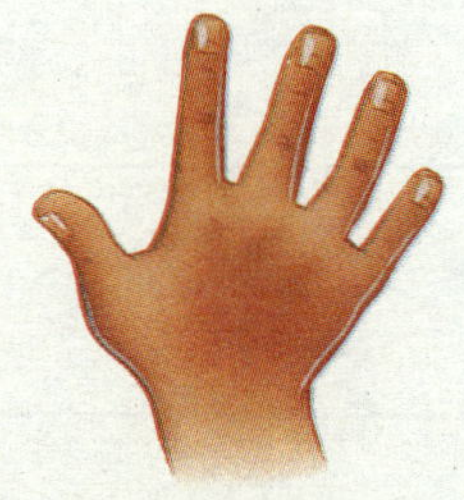

Instrucciones Pida a los niños que observen las sílabas que se muestran en el recuadro y que las tracen. Luego pídales que observen las ilustraciones, las nombren y escriban la sílaba con *ñ* que escuchan al lado de cada una.

Recuerde a los niños que escriban las sílabas de manera que puedan leerse con facilidad, siguiendo una progresión de izquierda a derecha y de arriba hacia abajo.

Nombre ____________________

Oraciones de opinión

Instrucciones Pida a los niños que usen las páginas 29 y 30 para hacer un borrador, revisar y editar sus oraciones de opinión. Anime a los niños a usar las ideas que escribieron en la página 27 del **Cuaderno del lector** como guía para escribir. A medida que los niños **desarrollan sus borradores,** recuérdeles que tendrán la oportunidad de agregar más a su descripción otro día. A medida que los niños **revisan sus borradores,** comente las palabras y razones que podrían agregar a sus oraciones de opinión para que queden mejor. A medida que los niños **editan sus borradores,** ayúdelos a usar lo que ya saben sobre las letras y los sonidos para verificar la ortografía de las palabras. Pídales que verifiquen la ortografía usando otros recursos apropiados. También pida a los niños que verifiquen el uso correcto de las mayúsculas y los signos de puntuación en sus oraciones.

Nombre ____________________

Oraciones de opinión

Instrucciones Pida a los niños que usen las páginas 29 y 30 para hacer un borrador, revisar y editar sus oraciones de opinión. Anime a los niños a usar las ideas que escribieron en la página 27 del **Cuaderno del lector** como guía para escribir. A medida que los niños **desarrollan sus borradores,** recuérdeles que tendrán la oportunidad de agregar más a su descripción otro día. A medida que los niños **revisan sus borradores,** comente las palabras y razones que podrían agregar a sus oraciones de opinión para que queden mejor. A medida que los niños **editan sus borradores,** ayúdelos a usar lo que ya saben sobre las letras y los sonidos para verificar la ortografía de las palabras. Pídales que verifiquen la ortografía usando otros recursos apropiados. También pida a los niños que verifiquen el uso correcto de las mayúsculas y los signos de puntuación en sus oraciones.

Nombre ______________________

Palabras con *ña, ñe, ñi, ño* o *ñu*

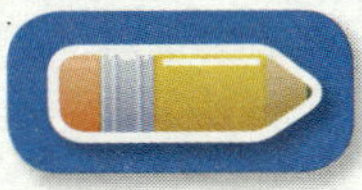

1.

monta ______

2.

ara ______

3.

sue ______

4.

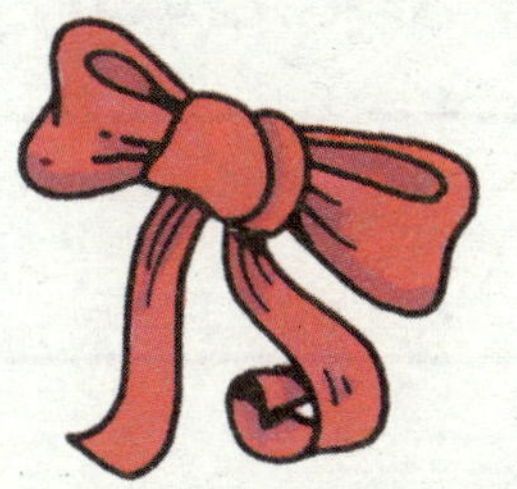

mo ______

Instrucciones Pida a los niños que observen la primera ilustración y la nombren. Luego pídales que escriban la sílaba que falta para completar el nombre de la ilustración. Repita el procedimiento con el resto de las ilustraciones.

Recuerde a los niños que escriban las sílabas de manera que puedan leerse con facilidad, siguiendo una progresión de izquierda a derecha y de arriba hacia abajo.

Nombre ______________________

Secuencia de sucesos

Primero Jorge el Curioso y el hombre del sombrero amarillo van al museo de dinosaurios.

A continuación Jorge el Curioso va a la cantera y ayuda a excavar para buscar huesos de dinosaurio.

Instrucciones Diga a los niños que va a leer oraciones del comienzo y el desarrollo del cuento en voz alta. Pida a los niños que digan qué palabras en las oraciones son de secuencia. Pídales que hagan un dibujo de algo que ocurre al final del cuento. Pida a los niños que muestren los dibujos a la clase y hablen de los sucesos clave al final del cuento. Luego pídales que cuenten de nuevo el final o lo dramaticen.

Nombre ______________________

Verbos: Pasado, presente y futuro

patiné patino patinaré

1. Yo ____________ ayer.

2. Yo ____________ hoy.

3. Yo ____________ mañana.

Instrucciones Hable con los niños acerca de la ilustración. Luego pídales que completen las oraciones con las palabras del recuadro.

Pida a los niños que lean las oraciones en voz alta. Pídales que digan si las oraciones hablan de una persona o más de una persona. Pídales que hablen con claridad mientras dicen sus oraciones a la clase y que escuchen con atención a los demás mientras hacen lo mismo.

Nombre ______________________

hacer jugar

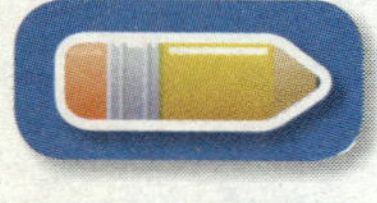

1. Vamos a __________ con una bolsa.

2. ¡Voy a __________ un cerdo!

3. ¡Voy a __________ un gato!

Instrucciones Recuerde a los niños que escriban su nombre. Luego pida a los niños que lean las oraciones y observen las ilustraciones. Luego pídales que escriban la palabra *hacer* o *jugar* para completar las oraciones. Pida a los niños que lean las oraciones completas en voz alta.

Pida a los niños que señalen y digan los nombres de las letras que reconocen en la página. Luego pídales que den un golpecito en el escritorio por cada palabra mientras vuelven a leer las oraciones en voz alta. Pida a los niños que digan otras oraciones con las palabras *hacer* o *jugar*.

Nombre ________________________

sus dan decimos nueva

1. Esos son ____________ gatos.

2. La bola es ____________ .

3. Se las ____________ a los gatos.

4. "Les gusta", ____________ .

Instrucciones Recuerde a los niños que escriban su nombre. Pida a los niños que lean las oraciones y observen las ilustraciones. Luego pídales que escriban *sus, dan, decimos* o *nueva* para completar las oraciones. Pida a los niños que lean la página en voz alta.

Pida a los niños que señalen y digan las letras que reconocen. Luego pídales que den un golpecito en el escritorio por cada palabra mientras vuelven a leer las oraciones en voz alta. Pida a los niños que digan otras oraciones con las palabras *sus, dan, decimos* y *nueva*.

Nombre ______________________

lla lle lli llo llu ña ñe ñi ño ñu

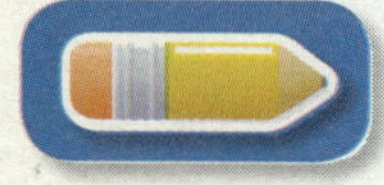

1.

______ ______

2.

______ ______

3.

______ ______

4.

______ ______

Instrucciones Pida a los niños que observen las sílabas que se muestran en el recuadro y las ilustraciones. Luego guíelos para que nombren las ilustraciones. Indíqueles que completen el primer espacio en blanco si el nombre de la ilustración empieza con alguna de esas sílabas, o el segundo espacio en blanco si la sílaba está al final de la palabra. Pida a los niños que vuelvan a decir las palabras que coinciden con las ilustraciones. Luego pídales que piensen en otras palabras que tengan sílabas con *ll* o *ñ*.

Nombre ______________________

Palabras con *ll* y *ñ*

1.

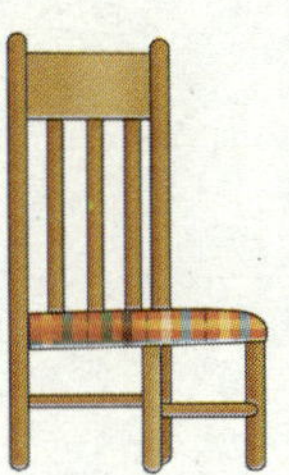

silla gallo

2.

piña niña

3.

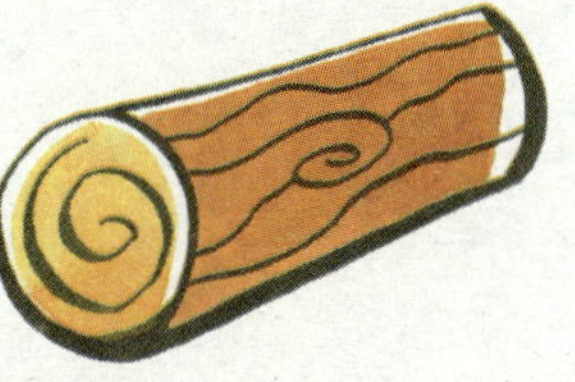

leña león

4.

llora loba

Instrucciones Pida a los niños que miren la primera ilustración. Luego pídales que encierren en un círculo la palabra que coincide con la ilustración. Repita el procedimiento con el resto de las ilustraciones y las palabras.

Pida a los niños que digan las palabras que coinciden con las ilustraciones. Luego pídales que piensen en palabras que rimen con ellas.

Nombre ______

Detalles

Instrucciones Pida a los niños que escojan un instrumento del **Superlibro**. Pídales que dibujen el instrumento lo más detallado posible. Luego pídales que escriban acerca del instrumento o sobre cómo se toca.

Nombre ______________________

Pronombres *él*, *ella*, *nosotros*, *nosotras*

Él	Ella	Nosotros	Nosotras

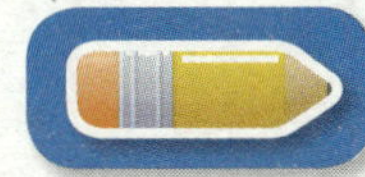

1. Mi hermana y yo jugamos a la pelota. ____________

2. El niño patina. ________

3. La niña está feliz. ______________

4. Mi amigo y yo nadamos. ________________

5. ____

Instrucciones Lea las oraciones con los niños. Pídales que escriban un pronombre del recuadro que se pueda usar en el lugar de los sustantivos. Pida a los niños que escriban una lista de los pronombres que han aprendido.

Pida a los niños que escriban una oración completa con uno de los pronombres. Pídales que muestren sus oraciones a la clase.

Nombre ____________________

dijo bien

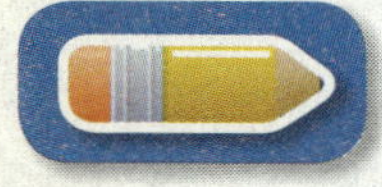

1. —Yo dibujo __________ .

2. —¡Mira mi dibujo!

3. —Me gusta —__________mamá.

4. —¡Muy __________!

Instrucciones Recuerde a los niños que escriban su nombre. Luego pida a los niños que lean las palabras del recuadro y hablen acerca de las ilustraciones. Luego pídales que escriban la palabra *dijo* o *bien* para completar las oraciones. Pida a los niños que lean las oraciones completas en voz alta.

Pida a los niños que señalen y digan los nombres de las letras que reconocen en la página. Luego pida a los niños que den un golpecito en el escritorio por cada palabra mientras vuelven a leer las oraciones en voz alta. Pida a los niños que digan otras oraciones con las palabras *dijo* y *bien*.

Nombre ____________________

era después comimos puede

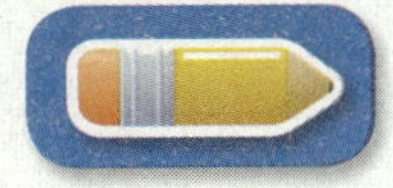

1. ____________ higos.

2. El higo ____________ dulce.

3. "Miren: muchos higos para ____________ ".

4. El niño come más higos. Él sí ____________.

Instrucciones Recuerde a los niños que escriban su nombre. Pida a los niños que lean las oraciones y observen las ilustraciones. Luego pídales que escriban *era, después, comimos* o *puede* para completar las oraciones. Guíe a los niños para que escriban *comimos* con mayúscula al principio de la primera oración.

Pida a los niños que lean la página en voz alta. Pídales que señalen y digan las letras que reconocen. Luego pídales que den un golpecito en el escritorio por cada palabra mientras vuelven a leer las oraciones en voz alta. Pida a los niños que digan otras oraciones con las palabras *era, después, comimos* y *puede*.

Nombre ______________________________

1. ha ha he he hi hi
ho ho hu hu

2.

____ la

____ lo

____ lado

____ cha

Instrucciones Lea a los niños las sílabas del recuadro y pídales que las tracen. Pida a los niños que miren la primera ilustración y la nombren. Luego pídales que escriban la sílaba que falta para completar el nombre de la ilustración. Recuerde a los niños que, en estas palabras, la *h* se escribe pero no se pronuncia.

Repita el procedimiento con las demás ilustraciones y palabras. Recuerde a los niños que escriban las sílabas de manera que puedan leerse con facilidad, siguiendo una progresión de izquierda a derecha y de arriba hacia abajo.

Nombre ______________________

Palabras con *ha, he, hi, ho* o *hu*

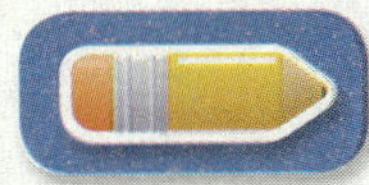

1.

hoja hora

2.

hilo kilo

3.

uno humo

4.

bola hola

Instrucciones Pida a los niños que miren la primera ilustración. Luego pídales que encierren en un círculo la palabra que coincide con la ilustración. Repita el procedimiento con el resto de las ilustraciones y las palabras.

Pida a los niños que digan las palabras que coinciden con las ilustraciones. Luego pídales que piensen en palabras que rimen con cada una.

Nombre ______________________________

Estructura del cuento

Personajes: Leo, su familia y amigos	**Escenario:** Dentro y fuera de la casa de Leo

Problema: Leo no ha florecido.

Solución:

Instrucciones Diga a los niños que va a leer en voz alta información sobre los personajes, el escenario y el problema del cuento. Pida a los niños que hagan un dibujo de la solución del problema de Leo. Pida a los niños que muestren sus dibujos a la clase. Pídales que cuenten de nuevo o dramaticen el suceso clave que dibujaron.

Nombre ______________________

Pronombres *ellos*, *ellas*, *yo*

Ellos Ellas Yo

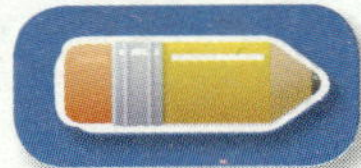

1. Las fresas son rojas. ______________

2. Los niños juegan al fútbol. ______________

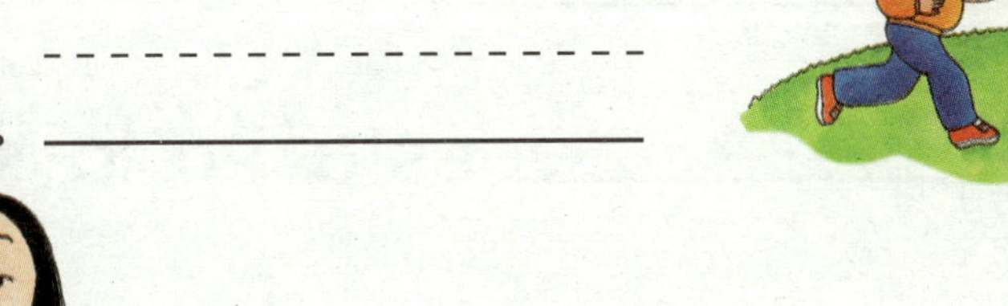

3. ______________ sé leer.

4. ______________________________

Instrucciones Lea las oraciones con los niños. Pídales que completen los espacios en blanco con el pronombre del recuadro que corresponda. Luego pida a los niños que dicten o escriban una lista de los pronombres que han aprendido. Pida a los niños que escriban una oración completa con uno de los pronombres de la lista. Pídales que muestren sus oraciones a la clase.

Nombre ______________________________

ella todos

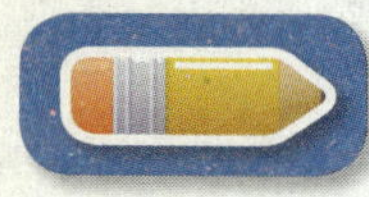

1. __________ vamos a la silla.

2. __________ está en la silla.

3. ¡Ahora estamos __________ !

Instrucciones Recuerde a los niños que escriban su nombre. Pida a los niños que lean las palabras del recuadro y observen las ilustraciones. Luego pídales que escriban *ella* o *todos* para completar las oraciones. Guíelos para que usen letra mayúscula al comienzo de la oración cuando sea necesario. Luego pida a los niños que lean las oraciones completas en voz alta. Pídales que señalen y digan los nombres de las letras que reconocen en la página. Luego pídales que den un golpecito en el escritorio por cada palabra mientras vuelven a leer las oraciones en voz alta. Pida a los niños que digan otras oraciones con las palabras *ella* y *todos*.

Nombre ____________________

ese usa cuando cuida

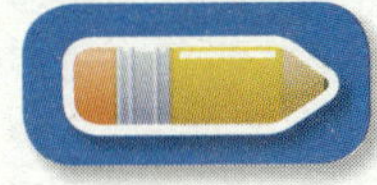

1. __________ gatito mira el charco.

2. __________ de no mojarse.

3. __________ las patas para agarrar.

4. Mira __________ llega. 

Instrucciones Recuerde a los niños que escriban su nombre. Luego pídales que lean cada oración y observen la ilustración. Pida a los niños que escriban la palabra *ese, usa, cuando* o *cuida* para completar cada oración. Guíelos para que usen letra mayúscula al comienzo de la oración cuando sea necesario.

Pídales que lean la página en voz alta. Pida a los niños que señalen y digan los nombres de las letras que reconocen en la página. Luego pídales que den un golpecito en el escritorio por cada palabra mientras vuelven a leer las oraciones en voz alta. Pida a los niños que digan otras oraciones con las palabras *ese, usa, cuando* y *cuida*.

Nombre ______________________

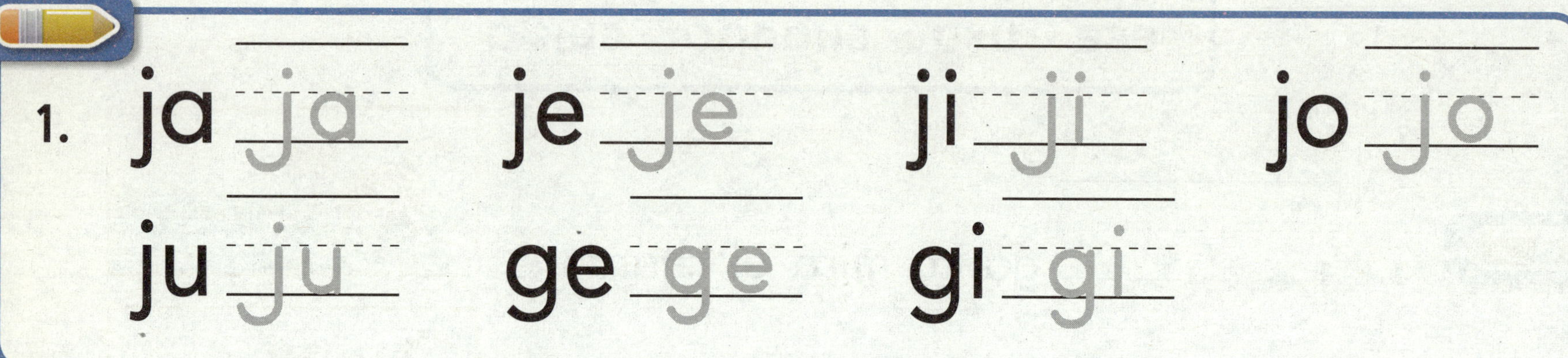

1. ja ja ____ je je ____ ji ji ____ jo jo ____
ju ju ____ ge ge ____ gi gi ____

2.

cone ____

____ rasol

____ gar

ru ____

Instrucciones Pida a los niños que observen las sílabas que se muestran en el recuadro y que las tracen. Luego pídales que nombren las ilustraciones y que escriban la sílaba que falta para completar el nombre de cada ilustración.

Pida a los niños que repitan de nuevo las palabras que escribieron. Luego pídales que piensen en palabras que rimen con cada una.

Nombre ______________________________

Palabras con *ja, je, ji, jo, ju, ge* o *gi*

1.

jugo gusto

2.

jamón jabón

3.

hijo fijo

4.

lugar girasol

Instrucciones Pida a los niños que observen la primera ilustración. Luego pídales que encierren en un círculo la palabra que coincide con la ilustración. Repita el procedimiento con el resto de las ilustraciones y las palabras.

Pida a los niños que digan las palabras que coinciden con las ilustraciones. Luego pídales que piensen en otras palabras que tengan las sílabas *ja, je, ji, jo, ju, ge* o *gi* al principio o al final.

Nombre ______________________

Secuencia de sucesos

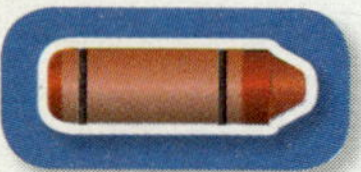

Primero Zinnia cava la tierra y planta las semillas.

A continuación Zinnia riega los brotes y arranca las malas hierbas.

Instrucciones Vuelva a leer las páginas 4, 6 y 16 del **Superlibro** en voz alta. Pida a los niños que hagan una representación de las distintas acciones. Luego diga a los niños que va a leer oraciones sobre el comienzo y el desarrollo del cuento. Pídales que identifiquen las palabras que indican secuencia. Pídales que hagan un dibujo de lo que pasa al final. Luego pídales que muestren sus dibujos y que señalen el suceso o los sucesos clave del final del cuento. Pídales que vuelvan a contar el cuento o lo dramaticen usando las palabras de secuencia *primero, a continuación* y *por último*. Muestre la página 26. Pida a los niños que digan por qué Zinnia tiene carteles allí.

Nombre ______________________

Pronombres: usted y tú

usted	tú

1.  ______________ es la Reina.

2.  ______________ eres mi mamá.

3.  ______________ eres mi papá.

4. ____

Instrucciones Comente las ilustraciones con los niños y lea las oraciones incompletas. Luego pida a los niños que escriban un pronombre del recuadro para completar las oraciones. Guíelos para que usen mayúsculas en la primera letra al comienzo de cada oración. Pida a los niños que escriban una oración completa con uno de los pronombres del recuadro. Pídales que muestren sus oraciones a la clase.

Nombre ______________________________

él no

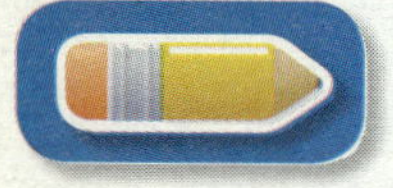

1. ¿Con qué va a jugar ________ ?

2. Con un perro ________ va a jugar.

3. Con un cerdo ________ va a jugar.

4. ¡________ va a jugar con un gato!

Instrucciones Recuerde a los niños que escriban su nombre. Pida a los niños que lean las palabras del recuadro y observen las ilustraciones. Luego pídales que escriban las palabras *él* o *no* para completar las oraciones. Guíe a los niños para que usen mayúsculas cuando escriban *él* al comienzo de la última oración. Luego pida a los niños que lean las oraciones completas en voz alta.

Pida a los niños que señalen y digan los nombres de las letras que reconocen en la página. Luego pídales que den un golpecito en el escritorio por cada palabra mientras vuelven a leer las oraciones en voz alta. Pida a los niños que digan otras oraciones con las palabras *él* y *no*.

Camaleón, Camaleón
Palabras que quiero saber: por, esconde, esperan, ahí

Nombre ______________________________

por esconde esperan ahí

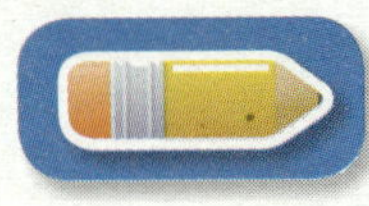

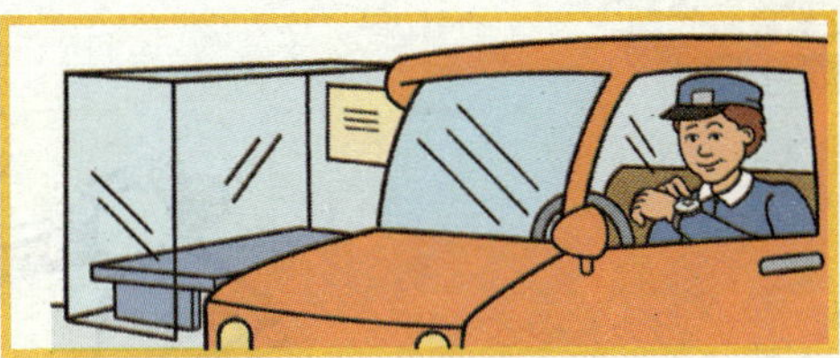

1. ____________ llega el carro.

2. José no se ____________ .

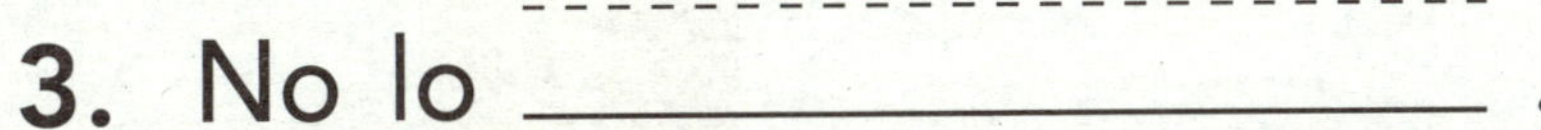

3. No lo ____________ .

4. José ve un carro ____________ allá.

Instrucciones Recuerde a los niños que escriban su nombre. Luego pídales que lean cada oración y observen la ilustración. Pida a los niños que escriban la palabra *por, esconde, esperan* o *ahí* para completar cada oración. Pídales que lean la página en voz alta.

Pida a los niños que señalen y digan los nombres de las letras que reconocen en la página. Luego pídales que den un golpecito en el escritorio por cada palabra mientras vuelven a leer las oraciones en voz alta. Pida a los niños que digan otras oraciones con las palabras *por, esconde, esperan* y *ahí*.

Nombre ______________________

Sílabas abiertas con *h* y *j*

1. 

____ cha

2. 

____ la

3. 

ho ____

4. 

____ go

Instrucciones Pida a los niños que observen la primera ilustración y la nombren. Luego pídales que escriban la sílaba que falta para completar el nombre de la ilustración. Repita el procedimiento con el resto de las ilustraciones y las palabras.

Diga otras palabras que los estudiantes conozcan que empiecen con *h* o *j*. Pídales que levanten la mano cuando escuchen una palabra que empiece con la letra *h* y que se pongan de pie cuando escuchen una palabra que empiece con *j*.

Nombre ______________________

Palabras con *h* y *j*

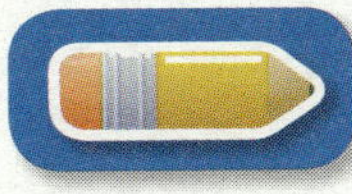

1\.

jugar hogar

2\.

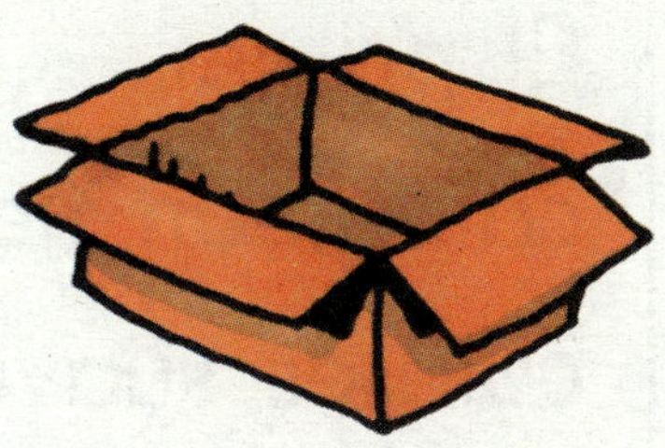

jarra caja

3\.

huevo juego

4\.

ajo hoja

Instrucciones Pida a los niños que miren la primera ilustración. Luego pídales que encierren en un círculo la palabra que coincide con la ilustración. Repita el procedimiento con el resto de las ilustraciones y las palabras.

Pida a los niños que digan las palabras que coinciden con las ilustraciones. Luego pídales que piensen en palabras que rimen con cada una.

Nombre ______________________________

Conclusiones

El primer camaleón tiene colores suaves.	El segundo camaleón ve al primer camaleón.	El primer camaleón ve que el segundo camaleón es amable.

Instrucciones Diga a los niños que va a leer en voz alta oraciones con detalles del **Superlibro.** Pídales que hagan un dibujo de lo que creen que sucederá.

Pida a los niños que muestren y comenten sus dibujos con la clase. Comente con los niños cómo usaron lo que sabían del **Superlibro** cuando hicieron sus dibujos.

Nombre ______________________

Preguntas

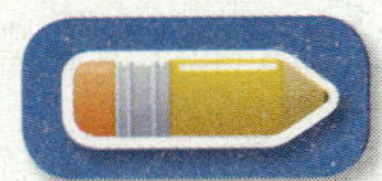

1. es el globo  

2. puedes saltar  

3.  ______________________

4. ______________________

Instrucciones Lea en voz alta los dos primeros ejercicios con los niños. Pida a los niños que encierren en un círculo la carita feliz si la pregunta está completa y la carita triste si no está completa. Luego ayude a los niños a volver a escribir las preguntas correctamente. Ayúdelos para que escriban en el primer ejercicio una pregunta completa. Luego guíelos para que escriban la letra inicial de la primera palabra en mayúscula y coloquen los signos de interrogación al principio y al final de cada pregunta. Lea las preguntas en voz alta con los niños.

Nombre ______________________

todos él ella hacer

1. Vengo con palomitas para __________ .

2. Mamá va a __________ más.

3. Un poco para __________ .

4. Un poco para __________ .

Instrucciones Recuerde a los niños que escriban su nombre. Pida a los niños que lean las palabras del recuadro y observen los dibujos. Luego pídales que escriban las palabras *todos, él, ella* o *hacer* para completar las oraciones. Guíe a los niños para que usen mayúscula cuando escriban la primera letra al comienzo de una oración. Luego pida a los niños que lean las oraciones completas en voz alta. Pídales que cuenten un cuento usando las palabras *todos, él, ella* o *hacer*.

Nombre ______________________

jugar después ahí esperan

1. Los niños van a __________ en la tarima.

2. __________ hacen un dibujo.

3. __________ por los demás.

4. ¿Qué dice __________ ?

Instrucciones Recuerde a los niños que escriban su nombre. Luego pídales que lean cada oración y observen la ilustración. Pida a los niños que escriban la palabra *jugar, después, ahí* o *esperan* para completar cada oración. Luego pídales que lean la página en voz alta.

Pida a los niños que señalen y digan los nombres de las letras que reconocen en la página. Luego pídales que den un golpecito en el escritorio por cada palabra mientras vuelven a leer las oraciones en voz alta. Pida a los niños que digan otras oraciones con las palabras *jugar, después, ahí* y *esperan*.

Nombre ______________________________

S	Q	A

Mis fuentes

Instrucciones Ayude a los niños a **generar ideas** para su informe. Pídales que escriban y hagan dibujos para mostrar lo que ya saben sobre sus temas en la casilla rotulada *S*. Luego ayúdelos a generar y escribir preguntas acerca de ese tema en la casilla rotulada *Q*.

Pida a los niños que encierren en un círculo las fuentes que usarán para responder las preguntas. Una vez que los niños hayan reunido información sobre su tema, pídales que escriban o dibujen esos datos en la columna rotulada *A*. Diga a los niños que esta semana usarán esos datos para escribir un informe.

Nombre ______________________

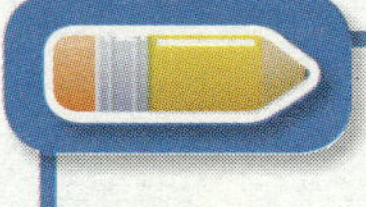

1. wa wa　　we we　　wi wi

wo wu　　wu we

2.

waffle　guante

hueso　wok

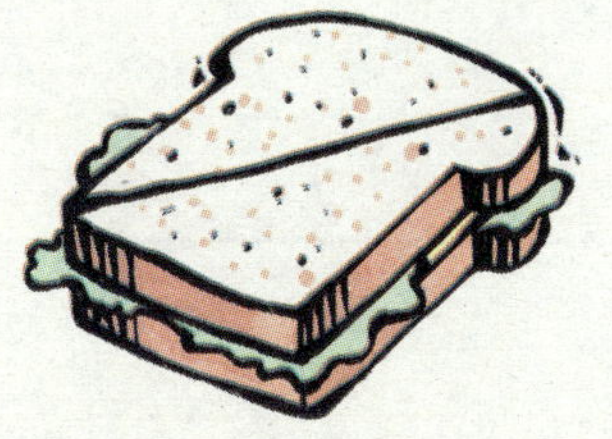

sano　sándwich

Wanda　Juan

Instrucciones Lea a los niños las sílabas que aparecen en el recuadro y pídales que las tracen. Pida a los niños que observen las ilustraciones. Luego guíelos para que nombren las ilustraciones y encierren en un círculo las palabras que coinciden con las ilustraciones. Pida a los niños que repitan las palabras que coinciden con las ilustraciones. Luego pídales que piensen en otras palabras que tengan el sonido /w/.

Nombre ______________________

Mi informe

Instrucciones Pida a los niños que usen las páginas 62 y 63 para hacer un borrador, revisar y editar un informe. Anímelos para que usen sus ideas de la página 60 del **Cuaderno del lector** como ayuda para su escritura. A medida que los niños **desarrollan sus borradores,** recuérdeles que podrán hacerle cambios otro día. A medida que los niños **revisan sus borradores,** comenten acerca de oraciones y detalles que pudieran agregar para mejorar sus informes. Pídales que se aseguren de haber incluido todas sus ideas acerca del tema. A medida que los niños **editan sus borradores,** ayúdelos a usar lo que conocen acerca de las letras y los sonidos para revisar la ortografía de las palabras. Pídales que usen otras fuentes para revisar la ortografía si es necesario. Pida a los niños que también revisen las mayúsculas y los signos de puntuación en sus oraciones.

Nombre

Mi informe

Instrucciones Pida a los niños que usen las páginas 62 y 63 para hacer un borrador, revisar y editar un informe. Anímelos para que usen sus ideas de la página 60 del **Cuaderno del lector** como ayuda para su escritura. A medida que los niños **desarrollan sus borradores,** recuérdeles que podrán hacerle cambios otro día. A medida que los niños **revisan sus borradores,** comenten acerca de oraciones y detalles que pudieran agregar para mejorar sus informes. Pídales que se aseguren de haber incluido todas sus ideas acerca del tema. A medida que los niños **editan sus borradores,** ayúdelos a usar lo que conocen acerca de las letras y los sonidos para revisar la ortografía de las palabras. Pídales que usen otras fuentes para revisar la ortografía si es necesario. Pida a los niños que también revisen las mayúsculas y los signos de puntuación en sus oraciones.

Nombre ____________________

Palabras con *w*

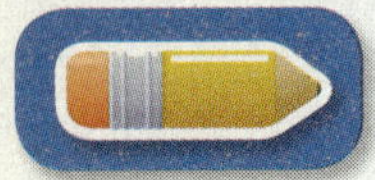

1.

waffle pan

2.

Walter Wendy

3.

kilo kiwi

4.

Wendy Walter

Instrucciones Pida a los niños que observen la primera ilustración. Luego pídales que la nombren y que encierren en un círculo la palabra que coincide con la ilustración. Repita el procedimiento con el resto de las ilustraciones y las palabras.

Nombre ______________________________

Características del texto y de los elementos gráficos

Característica del texto y de los elementos gráficos	Propósito
la parte de la receta en el guante	

Instrucciones Comente con los niños que parte de la receta de la tarta se muestra como un texto y un elemento gráfico del cuento. Pida a los niños que hagan dibujos en la segunda columna para mostrar los pasos de la receta. Luego pida a los niños que expliquen con sus dibujos cómo hacer una tarta. Pídales que usen las palabras que indican secuencia que ya conocen (*primero, a continuación* y *por último*) en sus descripciones. Comente con los niños de qué manera las características del texto y de los elementos gráficos pueden ayudarlos a comprender mejor lo que leen.

Nombre ______________________

Exclamaciones

1. el nido  

2. nos gusta el pastel  

3. ______________________

4.  ______________________

Instrucciones Lea en voz alta los dos primeros ejercicios con los niños. Pida a los niños que encierren en un círculo la carita feliz si la exclamación está completa y la carita triste si no está completa. Luego ayude a los niños a volver a escribir las exclamaciones correctamente. Ayúdelos para que escriban en el primer ejercicio una exclamación completa. Luego guíelos para que escriban la letra inicial de la primera palabra en mayúscula y coloquen los signos de exclamación al principio y al final de cada oración. Lea las exclamaciones en voz alta con los niños.

Nombre ______________________

abajo tomar

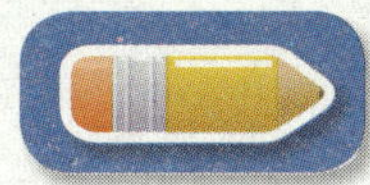

1. Jan va a ____________ un descanso.

2. ¿Qué va a hacer ahora?

3. ¡Jan va montaña ____________!

Instrucciones Recuerde a los niños que escriban su nombre. Pida a los niños que lean las palabras del recuadro y observen las ilustraciones. Luego pídales que escriban la palabra *abajo* o *tomar* para completar las oraciones. Pida a los niños que lean las oraciones completas en voz alta.

Pida a los niños que señalen y digan los nombres de las letras que reconocen en la página. Luego pídales que den un golpecito en su escritorio por cada palabra mientras vuelven a leer las oraciones en voz alta. Pida a los niños que digan otras oraciones con las palabras *abajo* o *tomar*.

Nombre ____________________

fue solo pequeño corre

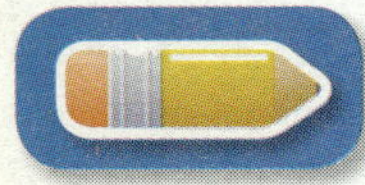

1. La niña ____________ para ver a su caballo.

2. El caballo no es ____________.

3. "Come ____________ esto", dice la niña.

4. Esto ____________ lo que quedó.

Instrucciones Recuerde a los niños que escriban su nombre. Pídales que lean las oraciones y observen las ilustraciones. Luego pídales que escriban la palabra *fue, solo, pequeño* o *corre* para completar cada oración. Pida a los niños que lean la página en voz alta.

Pida a los niños que señalen y digan los nombres de las letras que reconocen en la página. Luego pídales que den un golpecito en el escritorio por cada palabra mientras vuelven a leer las oraciones en voz alta. Pida a los niños que digan otras oraciones con las palabras *fue, solo, pequeño* y *corre*.

Nombre ______________________

2.

Instrucciones Lea a los niños las sílabas del recuadro y pídales que escriban *xa, xe, xi, xo* y *xu.* Luego pídales que escriban una sílaba del recuadro al lado de la ilustración cuyo nombre tenga esa sílaba. Recuerde a los niños que escriban las sílabas de manera que puedan leerse con facilidad, siguiendo una progresión de izquierda a derecha y de arriba hacia abajo.

Nombre ______________________

Repaso: Las letras *c*, *m*

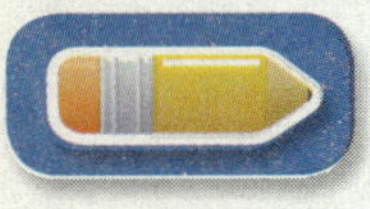

1.

cometa moneda

2.

cama casa

3.

mono mano

4.

moto cono

Instrucciones Pida a los niños que observen la primera ilustración. Luego pídales que encierren en un círculo la palabra que coincide con la ilustración. Repita el procedimiento con el resto de las ilustraciones y las palabras.

Pida a los niños que digan las palabras que coinciden con cada ilustración. Luego pídales que piensen en palabras que rimen con cada una.

Nombre ____________________

Conclusiones

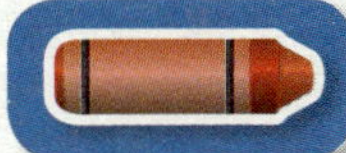

trata de lamer la luna. Gatito trata de perseguir a la luna.	aún no puede alcanzar a la luna después de trepar a lo alto de un árbol.	ve algo grande, blanco y redondo en el estanque.

Instrucciones Diga a los niños que usted va a leer en voz alta las oraciones sobre el **Superlibro**. Pídales que hagan un dibujo para mostrar por qué las cosas pasan de cierta manera en el cuento.

Pida a los niños que usen sus dibujos para comentar sus ideas acerca del cuento. Anímelos para que compartan cómo usaron lo que conocen y las claves del cuento para hacer sus dibujos.

Nombre ______________________

Sustantivos: Singular y plural

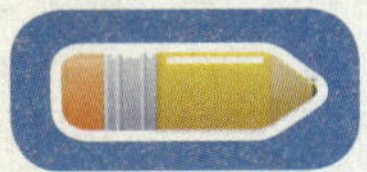

1. oso osos

2.  guante guantes

3.  bota botas

4. ______________________

Instrucciones Pida a los niños que nombren las ilustraciones. Pregunte si las ilustraciones muestran una cosa o más de una cosa. Lea en voz alta los sustantivos con los niños. Pida a los niños que encierren en un círculo el sustantivo correcto para cada ilustración. Pida a los niños que escriban una oración completa usando uno de los sustantivos. Pídales que muestren sus oraciones a la clase.

Nombre ______________________

tengo ayudar

1. ¿Me puedes ______________ ?

2. Yo ______________ un paño.

3. Yo ______________ una mopa.

4. ¡Todos podemos ______________!

Instrucciones Recuerde a los niños que escriban su nombre. Pida a los niños que lean las palabras del recuadro y observen las ilustraciones. Luego pídales que escriban las palabras *tengo* o *ayudar* para completar las oraciones. Pida a los niños que lean las oraciones completas en voz alta.

Pida a los niños que señalen y digan los nombres de las letras que reconocen en la página. Luego pídales que den un golpecito en su escritorio por cada palabra mientras vuelven a leer las oraciones en voz alta. Pida a los niños que digan otras oraciones con las palabras *tengo* o *ayudar*.

Nombre ______________________

divierten cada pide caminan

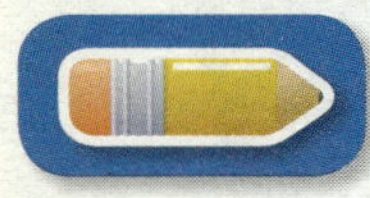

1. El niño se pone __________ bota.

2. Le __________ a sus papás que lo lleven al parque.

3. Todos __________ juntos.

4. Ahora se __________ en el parque.

Instrucciones Recuerde a los niños que escriban su nombre. Pídales que lean las oraciones y observen las ilustraciones. Luego pídales que escriban una palabra del recuadro para completar cada oración. Pida a los niños que lean la página en voz alta.

Pida a los niños que señalen y digan los nombres de las letras que reconocen en la página. Luego pídales que den un golpecito en el escritorio por cada palabra mientras vuelven a leer las oraciones en voz alta. Pida a los niños que digan otras oraciones con *divierten, cada, pide, caminan*.

Nombre ________________

Sílabas abiertas con *y, ll*

1.

g a ______ n a

2.

a ______ d a

3.

r a ______

4.

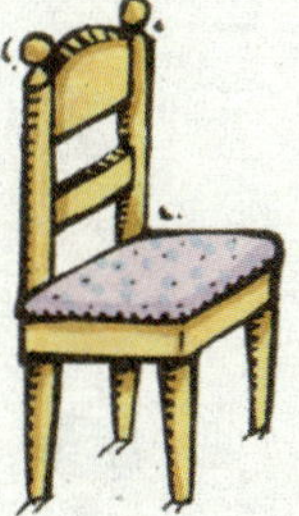

s i ______

Instrucciones Pida a los niños que observen las ilustraciones. Guíelos para que identifiquen el nombre de las ilustraciones. Luego pídales que escriban las sílabas que faltan para completar los nombres de los dibujos.

Pida a los niños que vuelvan a decir las palabras que coinciden con las ilustraciones. Pídales que piensen en palabras que rimen con cada una.

Nombre ____________________

La letra *y* como conjunción

1.

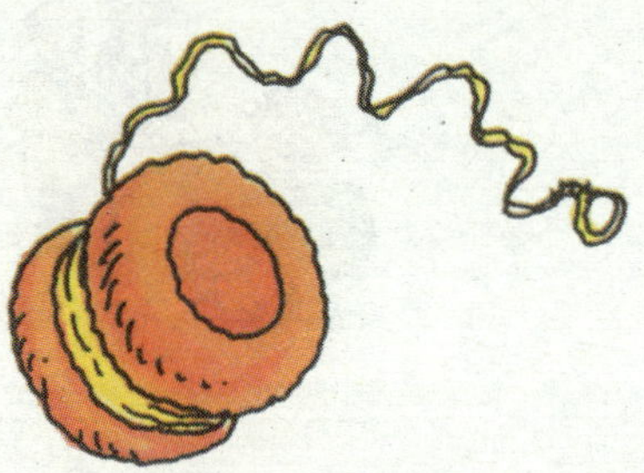

mi yoyo

2.

Papá y el bebé

3.

Juan y su perrito

4.

las rayas del tigre

Instrucciones Pida a los niños que observen las ilustraciones. Ayúdelos a leer el nombre de las ilustraciones. Pídales que identifiquen en qué ilustraciones la letra *y* suena / i /. Luego pídales que encierren en un círculo las frases que tienen *y* como conjunción. Recuerde a los niños que en esos casos la *y* se usa para unir palabras. Luego pídales que lean en voz alta las frases que tienen *y* como conjunción.

Nombre ____________________

Comparar y contrastar

Las hermanas mayores son más grandes.

Las hermanas mayores hacen cosas solas.

La hermana menor es más pequeña.

La hermana menor a veces se queda en casa con papá y mamá.

Instrucciones Diga a los niños que va a leer en voz alta algunas oraciones que dicen en qué se diferencian las hermanas del cuento. Pídales que hagan un dibujo para mostrar en qué se parecen.

Pida a los niños que muestren sus dibujos a un compañero. Pídales que comenten con su compañero sus dibujos y otros detalles que muestren en qué se parecen las hermanas.

Nombre ______________________

Concordancia entre el sujeto y el verbo (en pasado, presente y futuro)

cantan   crecerá   caminaron

1. La planta ______________________ .

2. Los niños ______________________ .

3. Los niños ______________________ .

Instrucciones Pida a los niños que expliquen qué sucede en las ilustraciones. Lea en voz alta las oraciones incompletas y las palabras del recuadro con los niños. Ayúdelos a identificar si el sujeto de la oración habla de uno o más de uno. Luego ayúdelos a completar las oraciones con la forma del verbo correcta. Lea en voz alta las oraciones completas con los niños.

Nombre ____________________

mira día

1. Hoy es un ________ de frío.

2. Hoy es un ________ de sol.

3. ¡ ________ el arcoíris!

Instrucciones Recuerde a los niños que escriban su nombre. Pida a los niños que lean las palabras del recuadro y observen las ilustraciones. Luego pídales que escriban la palabra *mira* o *día* para completar las oraciones. Pida a los niños que lean las oraciones completas en voz alta.

Pida a los niños que señalen y digan los nombres de las letras que reconocen en la página. Luego pídales que den un golpecito en su escritorio por cada palabra mientras vuelven a leer las oraciones en voz alta. Pida a los niños que digan otras oraciones con las palabras *mira* o *día*.

Nombre ______________________________

toca manos vio pone

1. ¿Quién les __________ los zapatos?

2. Mamá __________ los zapatos allí.

3. Son las __________ de mamá.

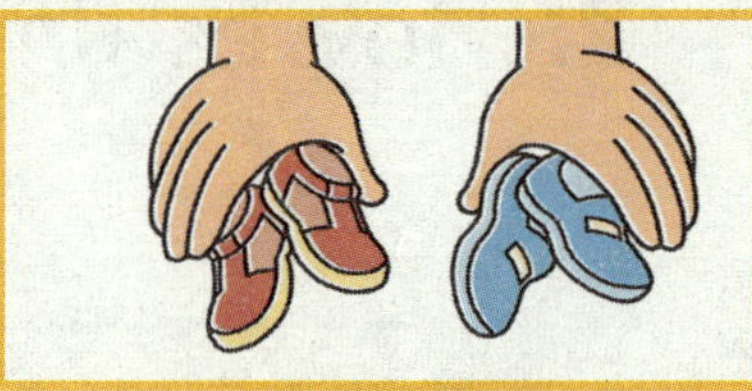

4. El niño __________ a su mamá.

Instrucciones Recuerde a los niños que escriban su nombre. Pídales que lean las oraciones y observen las ilustraciones. Luego pídales que escriban las palabras *toca, manos, vio* o *pone* para completar cada oración. Pida a los niños que lean la página en voz alta. Pida a los niños que señalen y digan los nombres de las letras que reconocen en la página. Luego pídales que den un golpecito en el escritorio por cada palabra mientras vuelven a leer las oraciones en voz alta. Pida a los niños que digan otras oraciones con *toca, manos, vio* y *pone*.

Nombre ______________________

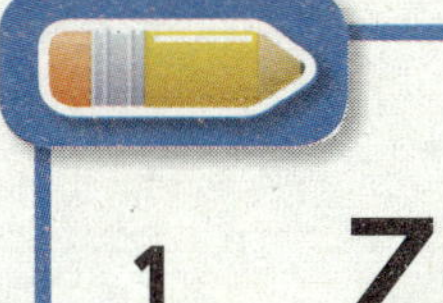

1. za za ze ze zi zi

zo zo zu zu

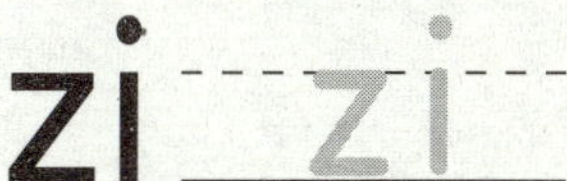

2.

_____ p a t o s

_____ r r o

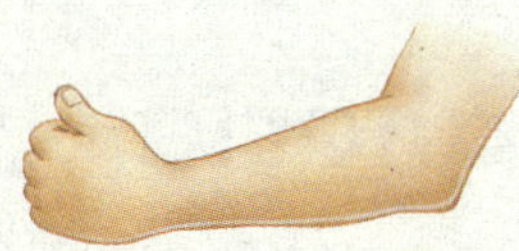

b r a _____

m a n _____ n a

Instrucciones Lea a los niños las sílabas del recuadro y pídales que las tracen. Luego pídales que observen la primera ilustración y la nombren. Pídales que escriban la sílaba que falta para completar el nombre de la ilustración. Repita el procedimiento con el resto de las ilustraciones y las palabras. Diga palabras que rimen con los nombres de las ilustraciones y otras que no rimen. Pida a los niños que levanten la mano cuando escuchen dos palabras que rimen.

Nombre ______________________

Palabras con *za*, *ze*, *zi*, *zo* o *zu*

1. 

tiza taza

2. 

zapato sopita

3. 

zorro vez

4. 

aros zanahoria

Instrucciones Pida a los niños que observen la primera ilustración. Luego pídales que encierren en un círculo la palabra que coincide con la ilustración. Repita el procedimiento con las otras ilustraciones y palabras.

Pida a los niños que digan las palabras que coinciden con la ilustración. Luego pídales que piensen en palabras que rimen con cada una.

Nombre ____________________

Estructura del cuento

Personajes: Jorge	**Entorno:** museo, restaurante, bosque
Comienzo: Primero Jorge decide averiguar qué hace mejor que los demás. **Desarrollo:** A continuación Jorge intenta cocinar, andar en trineo y remontar una cometa. **Final:**	

Instrucciones Diga a los niños que va a leer en voz alta oraciones sobre los personajes, el entorno y la trama del **Superlibro**. Luego lea en voz alta las oraciones sobre el comienzo y el desarrollo del cuento. Pida a los niños que identifiquen palabras que describen secuencias. Pídales que hagan un dibujo de lo que ocurre al final del cuento. Pida a los niños que muestren sus dibujos. Pídales que vuelvan a contar o que dramaticen el suceso clave que dibujaron.

Nombre ______________________

Concordancia entre el sujeto y el verbo (en pasado, presente y futuro)

saltará duerme rugió

1. El gato ______________________ .

2. El perro ______________________ .

3. El león ______________________ .

Instrucciones Pida a los niños que expliquen qué sucede en las ilustraciones. Lea en voz alta las oraciones incompletas y las palabras del recuadro con los niños. Pida a los niños que completen las oraciones con la palabra correcta del recuadro. Pídales que lean las oraciones en voz alta.

Pida a los niños que digan qué palabra indica acerca de qué trata la oración. Pregúnteles si la oración es acerca de uno o más de uno.

Nombre ________________________

de llevar

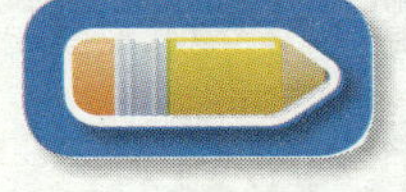

1. Vamos a ________ a Pipo a la bañera.

2. ¿Está listo el baño ________ Pipo?

3. No podemos ________ a Pipo.

4. Un poco ________ agua para ti.

Instrucciones Recuerde a los niños que escriban su nombre. Pida a los niños que lean las palabras del recuadro y observen las ilustraciones. Pida a los niños que escriban las palabras *de* o *llevar* para completar las oraciones. Luego pídales que lean las oraciones completas en voz alta. Pida a los niños que usen las Palabras que quiero saber en otras oraciones. Luego pídales que señalen y digan los nombres de las letras que reconocen en la página.

Nombre ______________________

nuestra responde también mostrar

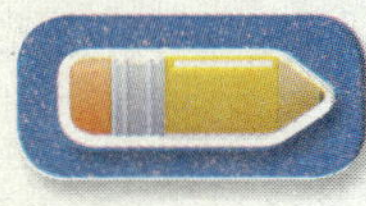

1. Esta es ______________ mascota.

2. Ella ______________ cuando la llaman.

3. Toni se la va a ______________ a Susi.

4. A José ______________ le gusta.

Instrucciones Recuerde a los niños que escriban su nombre. Pídales que lean las oraciones y observen las ilustraciones. Luego pídales que escriban las palabras *nuestra, responde, también* o *mostrar* para completar cada oración. Pida a los niños que lean la página en voz alta.

Pida a los niños que señalen y digan los nombres de las letras que reconocen en la página. Luego pídales que den un golpecito en el escritorio por cada palabra mientras vuelven a leer las oraciones en voz alta. Pida a los niños que digan otras oraciones con *nuestra, responde, también* y *mostrar*.

Nombre ______________________

Palabras con *m, p, s*

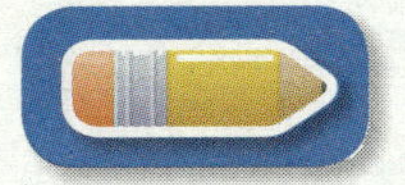

1.

mapa tapa

2.

pasa papa

3.

sopa soga

4.

moto mono

Instrucciones Pida a los niños que observen la primera ilustración. Pídales que encierren en un círculo la palabra que coincide con la ilustración. Repita el procedimiento con el resto de las ilustraciones y las palabras.

Pida a los niños que vuelvan a decir las palabras que coinciden con las ilustraciones. Luego pídales que piensen en palabras que rimen con cada una.

Nombre ______________________

1.

2.

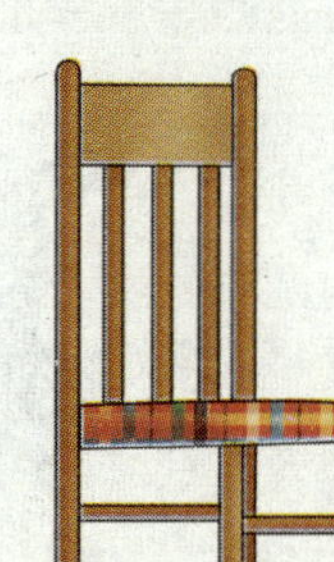

Instrucciones Pida a los niños que escriban su nombre en la parte superior de la página. Pídales que observen las letras del recuadro y que tracen *Zz, Ss* y *Cc*. Luego pídales que nombren las ilustraciones y escriban al lado la letra del recuadro que corresponde.

Recuerde a los niños que escriban las letras mayúscula y minúscula de manera que puedan leerse con facilidad, siguiendo una progresión de izquierda a derecha y de arriba hacia abajo.

Nombre ______________________

Ideas principales y detalles

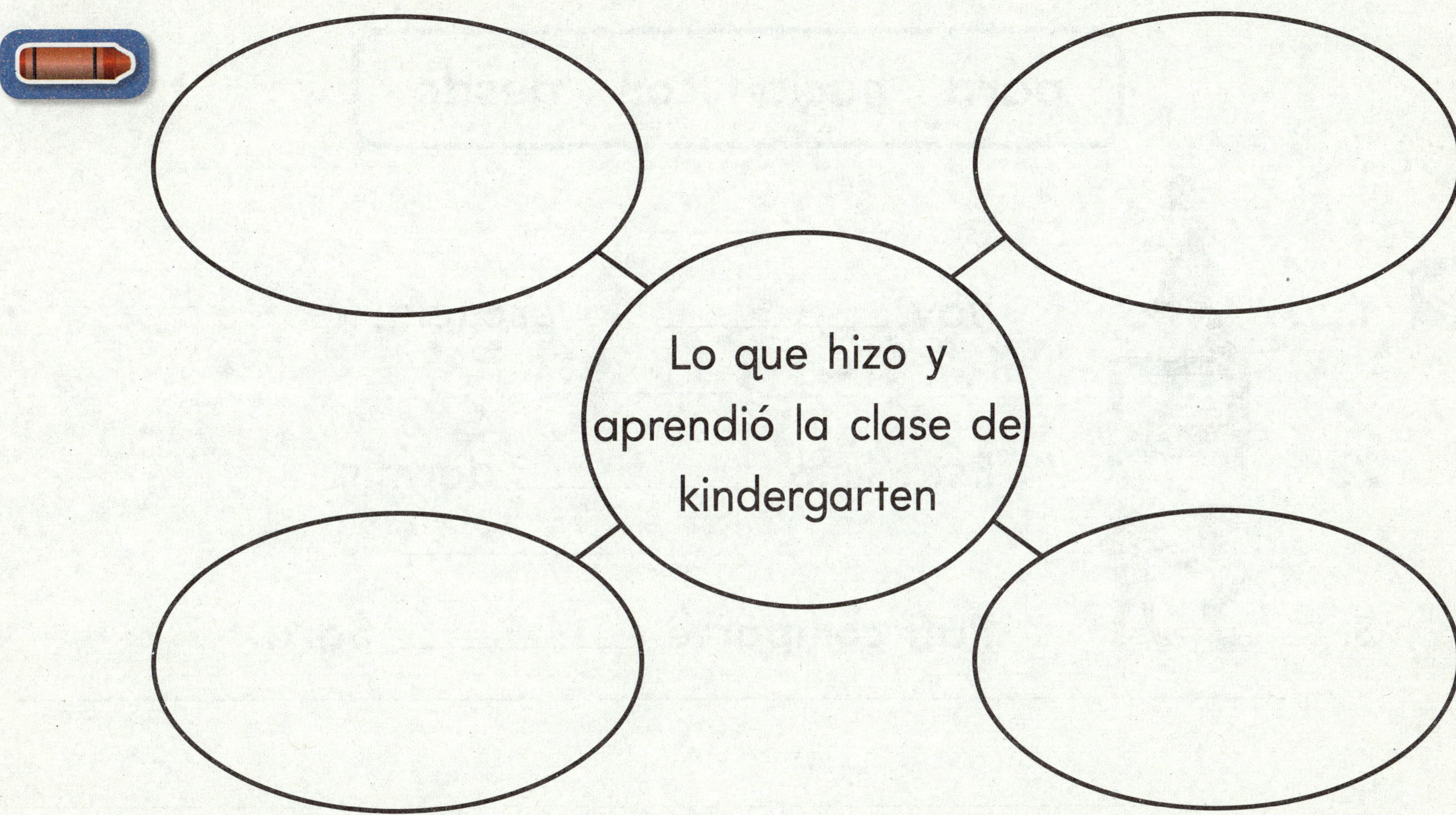

Instrucciones Lea en voz alta la idea principal que aparece en el centro de la red. Pida a los niños que escriban o dibujen detalles del **Superlibro** que se relacionen con la idea principal.

Pida a los niños que muestren su trabajo a la clase. Dígales que hablen con claridad y que escuchen con atención a los demás.

Nombre ______________________

Preposiciones: *para*, *hacia*, *con*, *desde*

para hacia con desde

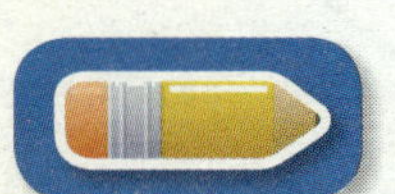

1. Voy __________ la escuela.

2. Está listo __________ dormir.

3. Pati comparte __________ Sara.

4. ______________________________

Instrucciones Comente las ilustraciones con los niños y lea las oraciones incompletas en voz alta. Pida a los niños que escriban una preposición del recuadro para completar cada oración. Pídales que escriban una oración completa usando la preposición que no usaron para completar las oraciones. Pida a los niños que comiencen la oración con letra mayúscula y que la terminen con un punto. Pídales que muestren las oraciones a la clase.

Nombre ______________________

tomar	abajo	ayudar	mira

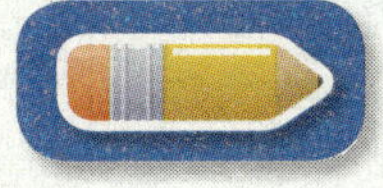

1. ¡ __________ ! Tengo una carpa nueva.

2. El niño puede __________ un martillo.

3. Me meto __________ de la carpa.

4. Papá me pudo __________ .

Instrucciones Recuerde a los niños que escriban su nombre. Pida a los niños que lean las palabras del recuadro y observen las ilustraciones. Luego pídales que escriban la palabra correcta del recuadro para completar las oraciones. Pida a los niños que lean las oraciones completas en voz alta.

Pídales que vuelvan a leer las palabras del recuadro e identifiquen la palabra que indica posición (*abajo*). Pida a los niños que señalen y digan los nombres de las letras que reconocen en la página. Luego pídales que digan otras oraciones usando las Palabras que quiero saber.

Nombre ______________________________

caminan pequeño solo día

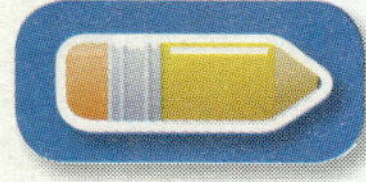

1. El bebé está __________ en su cuna.

2. El bebé es __________.

3. Ya es de __________.

4. La mamá y el bebé __________.

Instrucciones Recuerde a los niños que escriban su nombre. Pídales que lean las oraciones y observen las ilustraciones. Luego pídales que escriban una palabra del recuadro para completar cada oración. Pida a los niños que lean la página en voz alta.

Pida a los niños que señalen y digan los nombres de las letras que reconocen en la página. Luego pídales que den un golpecito en el escritorio por cada palabra mientras vuelven a leer las oraciones en voz alta. Pida a los niños que digan otras oraciones con las Palabras que quiero saber.

Nombre ______________________________

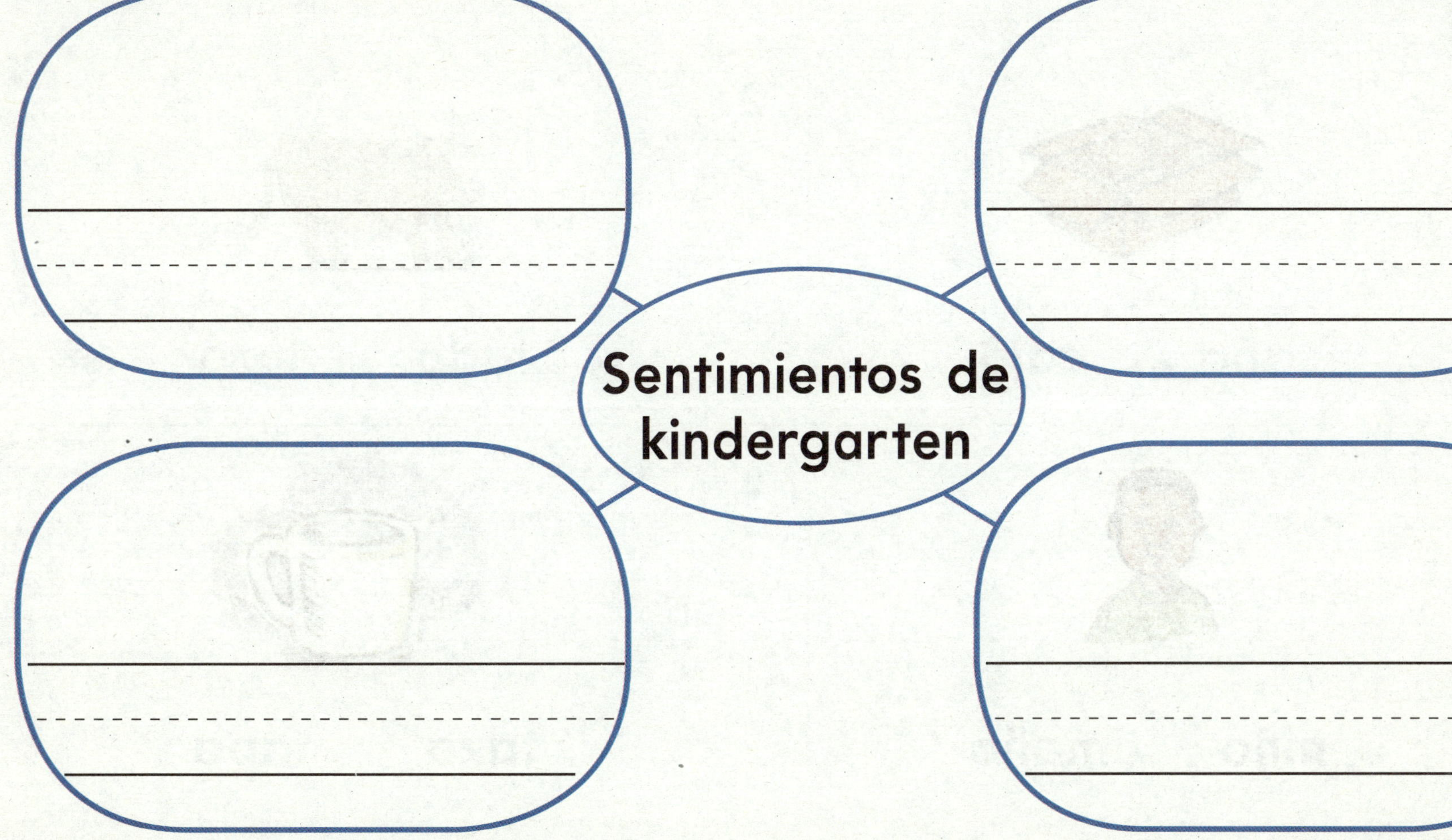

Instrucciones Ayude a los niños a **generar ideas** para la escritura. Pídales que escriban las ideas para sus entradas del diario en los círculos que están alrededor de la red. Guíe a los niños para que escriban palabras o hagan dibujos que digan algo sobre las ideas para una entrada de un diario.

Nombre ______________________

Palabras con *t, c, n*

1.

caña caja

2.

todo toro

3.

niño moño

4.

taza tapa

Instrucciones Pida a los niños que observen la primera ilustración. Luego pídales que encierren en un círculo la palabra que coincide con la ilustración. Repita el procedimiento con las otras ilustraciones y palabras.

Pida a los niños que vuelvan a decir las palabras que coinciden con las ilustraciones. Luego pídales que piensen en más palabras que rimen con cada una.

Nombre ______________________

Mi diario

Instrucciones Pida a los niños que usen las páginas 95 y 96 para hacer un borrador, revisar y editar una entrada de un diario. Anímelos para que usen sus ideas de la página 93 del **Cuaderno del lector** como ayuda para su escritura. A medida que los niños **desarrollan sus borradores**, recuérdeles que podrán hacerle cambios otro día. A medida que los niños **revisan sus borradores**, comenten acerca de oraciones y detalles que pudieran agregar para mejorar sus entradas del diario. Pídales que se aseguren de haber apoyado sus opiniones con razones. A medida que los niños **editan sus borradores**, ayúdelos a usar lo que conocen acerca de las letras y los sonidos para revisar la ortografía de las palabras. Pídales que usen otras fuentes para revisar la ortografía si es necesario. Pida a los niños que también revisen las mayúsculas y los signos de puntuación en sus oraciones.

Nombre ________________________

Mi diario

Instrucciones Pida a los niños que usen las páginas 95 y 96 para hacer un borrador, revisar y editar una entrada de un diario. Anímelos para que usen sus ideas de la página 93 del **Cuaderno del lector** como ayuda para su escritura. A medida que los niños **desarrollan sus borradores**, recuérdeles que podrán hacerle cambios otro día. A medida que los niños **revisan sus borradores**, comenten acerca de oraciones y detalles que pudieran agregar para mejorar sus entradas del diario. Pídales que se aseguren de haber apoyado sus opiniones con razones. A medida que los niños **editan sus borradores**, ayúdelos a usar lo que conocen acerca de las letras y los sonidos para revisar la ortografía de las palabras. Pídales que usen otras fuentes para revisar la ortografía si es necesario. Pida a los niños que también revisen las mayúsculas y los signos de puntuación en sus oraciones.

Nombre ______________________

Repaso: Todas las letras

1.

zorro gorro

2.

hacha leche

3.

pato bate

4.

gato auto

Instrucciones Pida a los niños que observen la primera ilustración. Luego pídales que encierren en un círculo la palabra que coincide con la ilustración. Repita el procedimiento con el resto de las ilustraciones y las palabras.

Pida a los niños que piensen en grupos de palabras que empiecen con la misma letra. Por ejemplo, *Cata come caramelos*.

Nombre ______________________

Comprender a los personajes

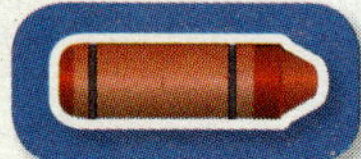

Comportamiento del personaje	Sentimientos del personaje
El último día de clases la señorita Bindergarten mira el salón de clases vacío anter de irse.	

Instrucciones Diga a los niños que va a leer en voz alta una oración sobre un personaje del cuento. Pídales que hagan un dibujo de cómo creen que se siente la señorita Bindergarten el último día de clases. Pida a los niños que muestren sus dibujos y que hablen de cómo se siente la señorita Bindergarten. Pídales que nombren y cuenten algo sobre otro personaje del cuento. Recuérdeles que hablen con claridad y en voz alta para que los escuchen.

Nombre ______________________

Preposiciones *a*, *sobre*, *de*, *en*, *por*

a sobre de en por

1. Los libros están ____________ la mesa.

2. El pájaro se va ____________ su nido.

3. La sopa está ____________ el tazón.

4. ____

Instrucciones Comente las ilustraciones con los niños y lea las oraciones incompletas en voz alta. Pida a los niños que escriban una preposición del recuadro en las líneas para completar las oraciones. Luego pídales que escriban una oración completa usando una de las preposiciones que quedan. Pida a los niños que comiencen la oración con letra mayúscula y que la terminen con un punto. Pídales que compartan las oraciones con la clase. Pídales que identifiquen las preposiciones en sus oraciones.

mucho

son

dónde

cómo

este

nuestro

los

muy

ser	esta
en	salió
al	pero
esa	las

aquí

tu

ellos

quién

pronto

van

hasta

para

decimos	hacer
nueva	jugar
dijo	sus
bien	dan

ella	era
todos	después
ese	comimos
usa	puede

por

cuando

esconde

cuida

esperan

él

ahí

no

pequeño	abajo
corre	tomar
tengo	fue
ayudar	solo

mira	divierten
día	cada
toca	pide
manos	caminan

nuestra	vio
responde	pone
también	de
mostrar	llevar